卓越幼师培养系列

学前科学实验探究

崔宝秋　门亚玲　编著

幼乐美（北京）教育科技有限公司　组编

电子工业出版社
Publishing House of Electronics Industry
北京·BEIJING

内 容 简 介

《学前科学实验探究》主要是为提升学前教育专业学生的学前科学实验教学能力而编写的。本书包括学前科学实验概述、科学实验教学设计、科学实验教学技能、科学实验教学评价、科学实验教学展望和科学实验教学模拟6个模块。本书中涉及的科学实验内容以儿童日常生活实例为主，不仅有利于幼教工作者开展教学，而且有利于引导儿童从身边科学现象入手，培养其对科学的探究精神。

本书可作为小学教育、科学教育、学前教育等专业的教材，也可作为幼师、小学教师的培训教材。

未经许可，不得以任何方式复制或抄袭本书之部分或全部内容。
版权所有，侵权必究。

图书在版编目（CIP）数据

学前科学实验探究 / 崔宝秋，门亚玲编著. —北京：电子工业出版社，2020.11
ISBN 978-7-121-39841-4

Ⅰ.①学… Ⅱ.①崔… ②门… Ⅲ.①学前教育－科学实验－高等学校－教材 Ⅳ.①G613.3

中国版本图书馆CIP数据核字（2020）第207055号

责任编辑：朱怀永
印　　刷：涿州市般润文化传播有限公司
装　　订：涿州市般润文化传播有限公司
出版发行：电子工业出版社
　　　　　北京市海淀区万寿路173信箱　邮编　100036
开　　本：787×1092　1/16　印张：11.75　字数：300千字
版　　次：2020年11月第1版
印　　次：2025年9月第4次印刷
定　　价：38.80元

凡所购买电子工业出版社图书有缺损问题，请向购买书店调换。若书店售缺，请与本社发行部联系，联系及邮购电话：（010）88254888，88258888。
质量投诉请发邮件至zlts@phei.com.cn，盗版侵权举报请发邮件至dbqq@phei.com.cn。
本书咨询联系方式：（010）88254608，zhy@phei.com.cn。

前 言

　　儿童科学学习的核心是激发儿童的探究欲望、培养其探究能力。针对学前儿童，幼教工作者要善于发现和保护他们的好奇心，充分利用自然和生活实际，引导他们通过观察、比较、操作、实验等方法，学会发现问题和分析问题，帮助他们不断提高探究能力，形成终身受益的学习习惯和能力。

　　当前，如何在学前儿童教育中加入科学实验的内容，进行科学知识与科学启蒙教育，已经成为国内外儿童教育领域的一项重要研究课题。随着学前教育的不断普及与发展，广大幼教工作者也逐渐认识到学前科学实验的重要性。五年前，我们在学前教育专业开设了"科学实验探究"课程，作为对学前儿童科学教育的补充，对培养学前教育专业学生科学教学技能起到了重要的促进作用。结合多年的教学经验和幼儿园、教育机构的科学实验教学情况，并参考了国内外儿童科学实验教材，在幼乐美（北京）教育科技有限公司的鼎力协助下，我们编著了本书。本书围绕"科学实验探究"课程的培养目标精心组织内容，其中的科学实验项目多与儿童日常生活紧密相关，同时以 STEAM 教育理念指导科学实验教学的开展。

　　为使学前教育专业学生掌握学前科学实验教学能力，本书采用新型活页式编写体例。本书既适合作为小学教育、科学教育等专业学生开展科学实验教学能力培养的教材，又可作为幼师、小学教师的培训教材。

　　本书由锦州师范高等专科学校崔宝秋教授编著，曹莉、韩燕、关亚男、柳意、关青、丁玉等老师对本书的编写给予了很好的建议；王雪莹、刘鑫、王宇薇、孟娟、兰舒等老师和学生参与了书中实验视频的录制工作；锦州市凌河区中心幼儿园董志杰园长及幼儿园老师和小朋友们对视频录制工作给予了支持，在此一并向他们表示感谢。鉴于编者水平有限，本书还有许多需要完善的地方，恳请各位专家、同仁及使用本书的老师、同学们给予批评与指正。

编者

2020 年 4 月

目录 CONTETNS

模块一 学前科学实验概述·· 1
 任务1 熟知学前科学教育内容······································· 2
 任务2 认识学前科学实验··· 7

模块二 科学实验教学设计·· 15
 单元一 科学实验教学设计思路·· 16
  任务1 熟知教学设计形式、要求及要素······························ 16
  任务2 确定实验教学目标·· 22
  任务3 确定实验教学策略·· 27
 单元二 科学实验教学过程设计·· 30
  任务1 设计实验猜想导入·· 30
  任务2 设计教学探究过程·· 36
  任务3 设计实验拓展和延伸·· 43
  任务4 设计实验教学教案·· 46

模块三 科学实验教学技能·· 51
 单元一 演示实验技能·· 52
  任务1 精选实验教学材料·· 52
  任务2 规范实验操作和讲解·· 56

单元二　指导实验技能 ································· 59
　　任务1　记录和分析实验现象 ····················· 59
　　任务2　运用信息技术教学 ······················· 63

单元三　拓展和延伸技能 ································· 72
　　任务1　运用联想拓展和延伸 ····················· 72
　　任务2　运用替代拓展和延伸 ····················· 76
　　任务3　运用逆向拓展和延伸 ····················· 79
　　任务4　运用找缺拓展和延伸 ····················· 82

模块四　科学实验教学评价 ································· 85

单元一　评价实验内容 ··································· 86
　　任务1　精选科学实验内容 ······················· 86
　　任务2　评价科学实验内容 ······················· 89

单元二　评价教学过程 ··································· 95
　　任务1　评价教学设计方案 ······················· 95
　　任务2　评价实验教学实施 ······················· 99

模块五　科学实验教学展望 ································· 103

单元一　STEAM教育理念 ································· 104
　　任务1　了解STEAM教育理念 ··················· 104
　　任务2　了解科学实验探究中的STEAM教育理念 ····· 108

单元二　STEAM教学 ····································· 112
　　任务1　了解STEAM教学 ························· 112
　　任务2　基于STEAM教育理念的气压计教学 ········· 120

模块六　科学实验教学模拟 125

单元一　看不见的空气 126
任务1　不湿的手绢 126
任务2　掉不下来的塑料板 129

单元二　水的浮力和张力 132
任务1　鸡蛋潜水艇 132
任务2　漂浮的硬币 135

单元三　摩擦力 138

单元四　摩擦带电和电池 141
任务1　带电的报纸 141
任务2　西红柿电池 144

单元五　光的折射与反射 147

单元六　声音 150
任务1　自制纸炮 150
任务2　自制耳罩（STEAM教学）......153

单元七　有趣的电磁铁 156
任务1　磁铁找朋友 156
任务2　有趣的电磁铁 159

单元八　神奇的溶液 162
任务1　跳舞的颜料 162
任务2　白纸藏字 165

单元九　认识化学变化 …………………………………… 168
　　任务1　奇妙相遇 ……………………………………… 168
　　任务2　二氧化碳气体熄灭蜡烛 ……………………… 171

单元十　旋转的力 ………………………………………… 174

参考文献 ………………………………………………… 179

模块一　学前科学实验概述

背景介绍

《幼儿园教育指导纲要（试行）》（以下简称《纲要》）将"科学"正式列入学前教育内容，将科学教育列入幼儿学习活动范畴。同时《纲要》指出，实验在科学教育中具有重要的作用。《3~6岁儿童学习与发展指南》强调，幼儿科学学习的核心是激发学生的探究兴趣，体验探究过程，发展初步的探究能力。成人要善于发现和保护幼儿的好奇心，充分利用自然和生活实际，引导幼儿通过观察、比较、操作、实验等方法，学会发现问题、分析问题和解决问题；帮助幼儿不断积累经验，并运用于新的学习活动中，形成终身受益的学习习惯和能力。由此可见，学前科学实验在幼儿园学习中占有重要的地位和发挥着重要的作用。

模块内容

本模块的主要内容包括学前科学教育的内容和学前科学实验的特点。

模块目标

通过本模块的学习，一方面有助于学前教育专业学生熟知学前科学教育内容，深刻认识科学实验的特点；另一方面有助于学前教育专业学生树立学会启发学前儿童创新思维、激发学前儿童对科学的好奇心和探究欲望的决心和信心。

任务1　熟知学前科学教育内容

1. 任务描述

（1）应用所学知识，以小组为单位讨论科学和学前儿童科学的定义（概念），以及学前儿童科学的特点，并完成表1-1-1和表1-1-2所示工作表单。

（2）应用所学知识，以小组为单位讨论学前科学教育的特点，并完成表1-1-3所示工作表单。

（3）完成上述工作表单后，以小组为单位选派代表依次进行发言。

2. 工作表单

表1-1-1　科学和学前儿童科学的定义（概念）

项目	定义（概念）
科学	
学前儿童科学	

表1-1-2　学前儿童科学的特点

序号	特点
1	
2	
3	
4	

表 1-1-3　学前科学教育的特点

项目	具体内容

3.反思评价

（1）结合本次任务，请写下你的反思。

我的反思：_____
_____
_____

（2）结合本次任务，请写下你对学前儿童科学的再认识。

我对学前儿童科学的再认识：_____
_____
_____

4.反思评价

（1）科学

科学是如实反映客观事物固有规律的系统知识，是使主观认识符合客观实际、使探索创造符合主观认识和客观实际的实践活动过程。作为系统知识，广义上的科学是关于自然、社会和思维的知识体系，主要包括自然科学、社会科学、思维科学，以及总结和贯穿于这三个领域的哲学和数学；狭义上的科学是揭示自然的本质和规律的知识体系，即自然科学，也就是通常所指的科学。作为实践活动过程，科学可以表述为人类探究世界客观规律的活动，同时也是一种对世界的基本看法和态度。

在对科学的认识过程中，人类逐步认识到科学的本质在于探究，态度核心在于探究精神，科学知识也正是科学探究的具体结果。

（2）学前儿童科学

《纲要》将"科学"正式列入学前教育内容，使学前教育的内容体系更丰富、更完善，逐步形成了包含健康、社会、科学、语言、艺术五个方面的教育内容。学前儿童科学教育主要体现在激发学前儿童的好奇心和探究欲望，体现在发展认识能力等方面。

学前儿童科学学习的核心是激发探究兴趣，体验探究过程，发展初步的探究能力。学前儿童以具体形象思维为主，应注重引导他们通过直接感知、亲身体验和实际操作进行科学学习，不追求知识和技能的掌握，不进行灌输和强化训练。因此，学前儿童科学具有以下三个特点。

第一，学前儿童科学是一种经验层次的科学知识。学前儿童探究事物具有其年龄特征，只有掌握他们探究事物的特点，才能设计出符合学前儿童认知水平的科学实验。学前儿童天生就充满好奇心，喜欢探究周围的世界。正如美国著名的教育家杜威所说，幼儿有探究的本能，探索是幼儿的本能冲动，好奇、好问、好探究是幼儿与生俱来的特点。例如，幼儿总是喜欢问"天为什么是蓝的？""为什么会下雨？""月亮为什么有时圆有时弯，有时有有时没有？"等问题。由此可见，幼儿最关心的问题大都与自身或自然环境相关，想要知道事情的原委。幼儿探究的问题涵盖面很广，涉及生物、天文、地理、物理、化学等学科知识，所问的问题多数是科学问题。

第二，学前儿童科学是一种自我建构的过程。从学前儿童认知水平来看，学前儿童认识事物具有直观形象的特点，认识事物多信赖于感知觉，学前儿童对看得见、听得到、摸得着的具体事物更感兴趣，认识事物通常采用直接经验。在学前儿童初期，直接性的特征将更为明显，随着经验的积累和知识的增多，学前儿童也能进行初步的抽象思维。例如，幼儿园教室里有一个保温桶，为了避免幼儿取水时被烫伤，老师口头反复强调保温桶里的水很烫，幼儿不可单独取水，取水时需要老师协助方可，结果还是有很多幼儿独自去开保温桶下的水龙头，让热水洒了一地，造成安全隐患。后来老师只好让班里每个幼儿都去摸水龙头上面连接的热水管，让他们亲自体会烫的感觉之后，再没有发生过幼儿随便拧水龙头的现象了。

第三，学前儿童科学是学前儿童对世界的独特理解。受思维特点和经验水平的限制，学前儿童在探究事物的过程中具有试误性。学前儿童在认识事物的特点和厘清事物之间的关系时，需要通过反复尝试，经过多次、长时间的探索来排除无关因素后才能得到答案。例如，一个小班的孩子在玩过家家游戏时想给厨房的锅找个锅盖，他随手拿了一个小的盖上，盖子掉进了锅里，他又拿了一个大一点的，又掉进了锅里，后来经过反复的尝试，终于找到了合适的盖子。由此可见，幼儿所获得的知识和经验具有一定的主观性。这是由于在探究过程中，幼儿会受到原有经验和思维水平的影响，表现出认识事物的幼稚性和非逻辑性，并形成幼儿特有的解释。虽然这不符合成人的逻辑，但在学前儿童已有经验和认识结构上却是合理的，是合乎他们自身逻辑的。

（3）学前科学教育内容的特点

学前科学教育内容丰富，具有以下特点。

第一，科学性和启蒙性。幼儿园孩子的心理和心智尚未成熟，对外界有一种强烈的好奇心，他们对外面的世界有一种渴望感，渴望认识和了解世界。孩子在年龄较小的阶段，最适合进行科学教育，因为他们的大脑认知还没有真正形成，所以有助于孩子形成良好的思维和健康的心理。因此，学前科学教育内容要具有科学性和启蒙性。

第二，综合性和广泛性。学前儿童虽然对世界的认知具有强烈的渴望，但是他们对新事物保持的热度和新鲜感不会持续太长时间，对事物总是持有一种"喜新厌旧"的态度。因此，在学前科学教育内容的构建过程中，要对教育内容的宽度进行拓展，将其延伸得更宽、更广，使它涉及的领域具有足够广泛性。同时，其内容要具有综合性，只有这样才能满足学前儿童爱玩、好玩的天性，在一定程度上达到教育教学的目的。

（4）《3~6岁儿童学习与发展指南》关于科学探究方面的论述

其中《3~6岁儿童学习与发展指南》明确提出，3~4岁孩子对感兴趣的事物能仔细观察，发现其明显特征；能用多种感官或动作去探索物体，关注动作所产生的结果。4~5岁孩子能对事物或现象进行观察比较，发现其相同点和不同点；能根据观察结果提出问题，并大胆猜测答案；能通过简单的调查收集信息；能用图画或其他符号进行记录。5~6岁孩子能通过观察、比较与分析，发现并描述不同种类物体的特征或某个事物前后的变化；能用一定的方法验证自己的猜测；在成人的帮助下能制订简单的调查计划并执行；能用数字、图画、图表或其他符号进行记录；在探究过程中能与他人合作与交往。

任务2　认识学前科学实验

1. 任务描述

（1）应用所学知识，以小组为单位讨论科学实验和学前科学实验的特点，并完成表1-2-1所示工作表单。

（2）到幼儿园调研学前科学实验教学的现状，以小组为单位讨论学前科学实验教学的作用，并完成表1-2-2所示工作表单。

（3）在完成上述工作表单后，以小组为单位选派代表依次发言。

2. 工作表单

表 1-2-1　科学实验和学前科学实验的特点

项目	特点
科学实验	
学前科学实验	

表 1-2-2　学前科学实验教学的作用

序号	作用
1	
2	
3	

3. 反思评价

（1）结合本次任务，请写下你的反思。

我的反思：_____
_____
_____

（2）结合本次任务，你认为学前科学实验对教师有何要求？

我认为：_____
_____
_____

（3）对自己完成的工作表单（见表1-2-1和表1-2-2）分别进行评价，评价表见表1-2-3。

表 1-2-3　评价表

工作表单	完成度	自评打分
表 1-2-1	☆☆☆☆☆	☆☆☆☆☆
表 1-2-2	☆☆☆☆☆	☆☆☆☆☆

注：评价标准（书中后续评价标准与此相同）。

★★★★★优秀　★★★★☆良好　★★★☆☆及格　★★☆☆☆一般　★☆☆☆☆较差

4. 学习支持

（1）科学实验

科学实验是人们为实现预定目的，在人工控制条件下，通过干预和控制科研对象而观察和探索其有关规律和机制的一种研究方法。其中,探究性科学实验是指学生在不知道实验结果的前提下,在教师的启发指导下,通过实验设计、实验操作、思考分析得出结论的实验形式。

（2）学前科学实验

学前科学实验是指在教师指导下,学前儿童操作材料和仪器,通过简单的实验,探究事物内在规律的活动。学前科学实验虽然与科学研究实验在基本过程和理念上是一样的,但又有不同之处,主要表现在以下几个方面。

第一,实验多为教育活动。学前科学实验是在教师设置的一定情境下并在教师的指导下进行的一种活动,其根本意义是在科学探究过程中对学前儿童进行启蒙教育。所以,学前科学实验的关键在于探究过程,而不是实验发现,其发现也大都达不到科学理论层面而仍停留在经验层面。例如,在"自制潜水艇"实验中,学前儿童往往只能探究出潜水艇什么时候下沉、什么时候浮起,但是不能探究出浮力的原理等深层次的内容和科学知识。

第二,实验过程比较简略。学前科学实验活动基本没有数量化,没有严格、科学地控制各种条件,多以定性实验为主,猜想、操作过程和结论等也都比较粗略、简单。对于幼儿大班的科学实验可适当增减控制条件中数量的变化,以便于进一步激发学前儿童的探究兴趣。

第三,实验带有游戏色彩。学前儿童有很强的游戏心理,生活中做各种事情往往都伴随着游戏状态,进行实验探究活动也一样,常常结合游戏情境进行。

第四,实验泛化于生活中。学前科学实验泛化到生活的方方面面,随时随地都可以做实验。例如,抛球就可被视为一个实验,抛出之前有预计——要抛向某处,然后抛出,之后看球是否符合自己的预料,不符合则变换抛球动作,再抛……不断变换抛球动作,使球逐渐接近自己预计的目标,同时总结出自己的发现（结论）。广泛地看,学前儿童说话、走路、吃饭、喝水、穿衣服、拿东西等，都是在进行实验活动，学前儿童在这些随时随地的实验中获得了学习与发展。

（3）实验在科学教育中的作用

实验是科学教育的一种重要教学方法，也是一种主要的教学手段。因此，实验在科学教育中占有重要的地位。

第一，激发学习兴趣。兴趣是最好的老师，是学前儿童成长的催化剂。学习兴趣是求知的源泉，也是创新的动力。只有有了学习兴趣，才能谈得上学习的积极性、主动性和创造性。学前儿童对新鲜事物有很强的好奇心，喜欢色彩鲜艳、生动活泼的事物，喜欢动手操作，喜欢游戏，喜欢提出各种各样的问题。所以，学前科学实验可以激发学前儿童的直接兴趣。只有满足学前儿童的需要，才能唤起学前儿童的兴趣，并能充分满足他们的心理需要。学前科学实验也可以提高学前儿童的间接兴趣。在做实验之前，学前儿童对实验结果往往有许多种猜测，为了探求实验的结果，不断体会发现并克服困难、解决问题获得成功的喜悦，从而激发学前儿童的兴趣、增强其信心、提高其探究的欲望，进而转化为一种热爱科学的兴趣。

第二，培养探究能力。对于学前儿童，如果只是学习现成的科学结论，而忽视对科学探究过程的理解与体验，就不能很好地理解科学的本质。所以，在科学教育过程中，教师要有效保护学前儿童对自然的好奇心，激发他们的求知欲，使他们能够体验探究过程的喜悦。学前儿童往往是通过天生的好奇心和不懈的感知来探求周围世界的。而这些理解的界限之突破、扩大，一方面预示着学前儿童"科学"创新思维萌芽的确立；另一方面，预示着学前儿童这方面的脑功能得到了强化开发和提高。在参加科学实验的过程中，可以有效促进学前儿童主动建构具有个人意义的科学知识与技能，习得科学探究思维的方式。

第三，培养综合能力。对于学前儿童来讲，实验观察可以培养他们的观察能力；实验操作可以培养他们的动手能力；实验现象可以培养他们运用语言描述问题的能力，进而可以培养他们粗浅的分析、归纳、概括等逻辑思维能力；通过小组实验，可以提高他们之间团结合作的能力等。让学前儿童在体验和实践活动中，打下坚实的科学素养基础，提升综合素质，特别是创造素质，进而获得独特超凡的能力，并通过参加社会活动展示自己的独特优点，把握自己的未来。目前，流行的STEAM教学理念主要就是通过动手实验操作来培养学前儿童综合能力的。

（4）学前科学教育的发展与现状

我国学前科学教育经历了以下几个过程：20世纪80年代，学前科学教育通常以有趣的方式传授知识；20世纪90年代中期，学前儿童通过观察和动手操作发展认知能力；20世纪90年代后期，主要开展主动探究和发现学习，像科学家一样发现知识，从小培养学前儿童的科学素养；21世纪最初五年，学前儿童的探究活动强调让他们经历"提出问题、进行猜想和假设、设计实验进行观测、记录获得的信息、得出结论和解释"的探究过程；2005年以后，探究式科学教育兴起，开始注重对学前儿童科学探究的兴趣、科学概念的培养，不断发展其探究能力和应用能力。

进入新时代，学前教育事业发展受到党和国家的高度重视，尤其《关于学前教育深化改革规范发展的若干意见》（以下简称《意见》）等重要文件明确了学前教育改革发展的前进方向和重大举措。虽然学前科学教育也取得了显著成绩，但是依然存在两个方面的问题制约着科学教育的快速发展。一是学前科学教育探究成分不够。幼儿园科学教育的内容组成对学前科学教学有着重要的意义，但教育内容中的科学探究成分不足，导致学前儿童在科学探究和创新方面失去创新的积极性和主动性。二是教师技能不高。一方面，部分教师由于自身的科学知识和科学素养方面的问题，使学前儿童在学习过程中无法接触到更多的知识，无法真正地对学前儿童进行内容创新教学；另一方面，学前科学教育教师本身对科学实验缺乏深入研究，在教学内容设计方面存在明显不足，甚至部分教师解决不了学前儿童所提出来的问题。

（5）科学实验教学对学前教育专业学生的要求

《意见》提出，到2020年，幼儿园教师队伍综合素质和科学保教能力得到整体提升，幼儿园教师的社会地位、待遇保障进一步提高，职业吸引力明显增强。完善教师培养、培训体系，办好幼儿师范教育，制定幼儿教师培训课程指导标准，加大园长教师培训力度，健全教研体系，促进园长教师树立科学保教理念，提高以游戏为基本活动开展保教工作的能力。因此，幼儿园科学教育的开展，对即将成为新时代幼儿教育工作者的学前教育专业学生提出了新的要求。

第一，教学能力要求。目前，学前教育专业学生在教学能力上要不断提升。其一，学会引导和培养儿童的观察能力。通过实验，要有意识地引导儿童观察周围事物，培养儿童的观察与分类能力。通过提问等多种方式引导儿童思考并对事物进行比较观察和连续观察。引导儿童在观察和探索的基础上，尝试进行简单的分类、概括。其二，学会激发儿童的创新能力。在实验教学过程中，支持和鼓励儿童在探究过程中积极动手、动脑寻找答案或解决问题。支持和鼓励儿童大胆联想、猜测问题的答案，并设法去验证。支持和引导儿童学会用适宜的方法探究和解决问题，或为自己的想法收集证据。其三，培养教师综合运用信息技术的能力。在信息化技术快速发展的今天，要掌握信息化教学技术并不断创新教学模式与教学方法，以提高教学质量。其四，注意教学语言。教师要用一种儿童能够理解的语言来讲述科学知识，这也就要求教师要不断提升自己的语言表述能力。

第二，科学素养要求。目前，学前教育专业的课程设置和能力训练还不能适应全面提升学生科学素养的需要。在实验教学中，既要避免科学领域知识之间的重复，又要重视知识与科学、技术、社会之间的广泛联系。在实验教学中，要安排大量联系实际生活与生产的实例。学前教育专业学生应当具备全面的科学素养，能够引导儿童走向自然、生活和社会，能够让儿童自主探究。

第三，创新能力要求。如果教师本身缺乏探究意识和创新精神，那么他一定很难在幼儿园开展科学教育活动，更谈不上有利于科学教育改革的深化和发展。科学探究实验强调的探究不仅是一种能力，也是一种教学方法与途径，是引导儿童"做科学"，激发儿童自主学习的动力。只有学前教育专业学生在校学习期间学会探究、养成良好的科学行为与习惯、具有创新行为和创新思想，他们才能适应科学教育活动的开展，才能有效引导儿童主动探究与创新。不会创新的教师是无法培养出具有创新思维的学生的。

1. 学前教育科学领域具体包括哪些内容？

2. 学前科学实验与学前教育活动的区别是什么？

3. 如何理解实验教学对儿童创新思维的培养？

模块二　科学实验教学设计

背景介绍

《幼儿园教师专业标准（试行）》针对教育活动的计划与实施明确提出：幼儿园教师应会制订阶段性的教育活动计划和具体活动方案；在教育活动中观察幼儿，根据幼儿的表现和需要，调整活动，给予适宜的指导；在教育活动的设计和实施中体现趣味性、综合性和生活化，灵活运用各种组织形式和适宜的教育方式；提供更多的操作探索、交流合作、表达表现的机会，支持和促进幼儿主动学习。作为科学活动指导的后续课程，科学实验的教学设计就显得十分必要。

模块内容

科学实验教学设计是实验教学的起点和基础，该模块包括科学实验教学设计思路和科学实验教学过程设计两个单元。科学实验教学设计思路单元包括熟知教学设计形式、要求及要素，确定实验教学目标和确定实验教学策略三个任务。科学实验教学过程设计单元则包括设计实验猜想导入、设计教学过程探究、设计实验拓展和延伸、设计实验教学教案四个任务，重点阐述在实验教学过程中如何启发、引导儿童创新思维，以及实验结束后又如何拓展和延伸实验来进一步启发儿童创新思维等。

模块目标

通过本模块的学习，主要是让学前教育专业学生掌握科学实验教学设计的方法，了解实验教学的组织形式，熟练掌握科学实验教学设计的组成；让学前教育专业学生学会制定科学实验教学目标和把握教学中的重点和难点。通过该模块的学习，使学前教育专业学生在科学实验教学设计过程中能够合理制定教学模式、教学方法并利用有效的教学手段，以便于在教学过程中能够设计好实验猜想进行实验教学导入，并通过设计探究问题来激发儿童创新思考，以及进行教学拓展和延伸设计等。

单元一　科学实验教学设计思路

任务1　熟知教学设计形式、要求及要素

1. 任务描述

（1）应用所学知识和学前技能大赛说课视频，以小组为单位讨论科学教育活动设计的组成，并完成表2-1-1-1所示工作表单。

（2）应用所学知识，以小组为单位讨论科学实验教学设计包括哪些因素，并完成表2-1-1-2所示工作表单。

（3）完成上述工作表单后，以小组为单位选派代表依次发言。

学前技能大赛说课视频

2. 工作表单

表 2-1-1-1　科学教育活动设计的组成

序号	主要内容
1	
2	
3	
4	
5	
6	

表 2-1-1-2　科学实验教学设计的因素

因素	是（√）	否（×）	原因
实验内容			
实验材料			
教学方法			
儿童特点			
教学环境			
教学过程			
教学目标			

3. 反思与评价

（1）结合本次任务，请写下你的反思。

我的反思：_____
_____
_____

（2）对自己完成的工作表单（见表2-1-1-1和表2-1-1-2）分别进行评价，评价表见表2-1-1-3。

表 2-1-1-3　评价表

工作表单	完成度	自评打分
表 2-1-1-1	☆☆☆☆☆	☆☆☆☆☆
表 2-1-1-2	☆☆☆☆☆	☆☆☆☆☆

4.学习支持

（1）学前科学实验教学的组织形式

学前科学实验教学的组织形式主要包括以下几种。

第一，教师演示。教师演示是指教师组织儿童集体观察演示实验，有利于教师在较短时间内向儿童提供共同经验，教学效率较高，有利于保证科学教育的条理性和连贯性，保证儿童所获经验的系统性。

第二，小组探究。小组探究是指依据儿童的年龄、兴趣和能力，通过设计实验内容，把全班儿童分成小组分别进行实验探究。这种实验教学的组织形式可以增加儿童与同伴、教师互动的机会，有利于每个儿童充分参与活动、更多地进行实际操作，同时便于教师观察、了解儿童之间的个别差异并进行指导，有利于儿童主动发展兴趣和爱好。

第三，个人实验。个人实验是指依据实验的难易程度和材料等情况，安排每个儿童单独进行实验。在实验过程中，教师应时刻观察儿童情况，掌握时机，依据儿童的兴趣和需要，给予个别辅导和随机施教。

无论采用哪种实验教学组织形式，都应根据具体实验情况合理地加以运用，为儿童提供多样化的学习机会与条件。

（2）学前科学实验教学设计的基本要求

学前科学实验教学设计应依据现代教学理论，根据教学目标的要求，按照学前科学实验课程的教学理念和特点，针对儿童实际情况，充分利用、开发教学资源，选择教学手段，创造教学条件，组织教学内容，制定开展科学探究活动的策略和活动方法，即对学前科学实验课的教学活动进行系统的规划和预设。学前科学实验教学设计要结合儿童的特点、实验内容、实验目标、实验材料、教学特点、教学方法等展开，这也是对教学设计的基本要求。

第一，结合儿童的特点来设计。教师必须把儿童身心发展的特点和规律作为教学设计的重要依据，在决定教什么及如何教时，应当全面考虑儿童的需求、认识规律和学习兴趣，着眼于辅助、激发、促进儿童的学习。例如，儿童对于看得见、听得到、摸得着的具体事物更感兴趣，认识事物也通常采用直接经验。随着经验的积累和知识的增多，儿童才会具备初步的抽象思维能力。这也是结合儿童的特点来进行实验教学设计的基础。

第二，结合实验内容来设计。儿童最关心的问题多与自身或身边的自然环境相关，如常见的一些物理、化学现象等。这些实验有些是验证性的，有些是探究性的，不同类型的实验，其设计思路是不一样的。所以，实验教学设计要围绕实验内容进行，这些内容也恰是实验教学设计中的重点内容。

第三，结合实验目标来设计。由于儿童会受到原有经验和思维水平的影响，所以儿童所获得的知识和经验不符合成人的逻辑，在探究事物的过程中常具有试误性。因此应先明确教学目标，使之成为可操作的具体要求。

第四，结合实验材料来设计。实验材料的结构、数量都会影响实验教学设计。如果实验材料的数量少，可以设计成教师演示实验，儿童多采用观察的方式；如果材料准备充足，在实验内容简单的情况下可以按照每个儿童独立完成来进行设计；如果实验材料具有一定的危险性，应设计成教师演示实验，或指导部分儿童来完成等。

第五，结合教学特点来设计。学前科学实验教学具有实践性、趣味性、探究性和开放性的特点。实践性要求尽量增加每个儿童的实验操作机会。趣味性是指实验内容要贴近儿童的生活，尽量从儿童的生活及周围环境中选取他们感兴趣的实验内容。探究性是指教师要指导和启发儿童对现象进行深入分析，借助提出一些相关的思考问题，让儿童通过自己的操作与控制，改变条件、变换方法、反复体验并获得成功，使其产生成功的喜悦和自我能力实现的感受。开放性是指学前科学实验不局限于教材、课时、场地，让儿童参与实验的全过程，如准备实验材料、组装实验模型，甚至是设计实验、创新实验等；同时，科学实验形式可以多样化，既可以是探究活动，又可以是一些小发明、小制作等活动。

第六，结合教学方法来设计。学前科学实验教学的方法主要有观察认识教学法和实验操作教学法两种。观察认识教学法是发现、认知、验证某种事物现象的一种教学方法，在实验教学中具有普遍性，也更容易把握和应用。观察认识教学法在幼儿园小班和中班应用较多，教学方法中的设疑、发现、认知、验证与课堂教学步骤一致。教师的设疑环节和儿童的发现环节是两个既平行又略有先后的环节，教师的设疑要略微靠前一些，而儿童的发现可能要略微滞后一些。在设疑和发现环节完成后，教师就与儿童一起带着问题进入认知环节，共同完成本次教学的主要教学目标。儿童有了初步的认知经验后，教师让儿童验证自己的经验，提升其对经验的认同感，这就是验证环节。实验操作教学法是一种探究性递进式教学方法。在应用该教学方法时应围绕活动主题，带着问题对材料进行实验和操作，在操作中发现问题、解决问题并提出新的问题。实验操作教学法更能激发儿童的兴趣和探究欲望，发展其认知能力。在应用该教学方法进行教学的过程中，教师与儿童之间的探究和递进是交叉和交替进行的。通过这种递进式的教学方法，儿童的知识和经验会不断地提升。

（3）教学设计组成要素

一个完整的学前科学实验教学设计方案应由教学对象、教学目标、教学策略、教学过程和教学评价（教学反思）五大基本要素组成。

第一，教学对象。学前儿童是教学对象，但不同年龄段的学前儿童的智力发展水平是不同的；即使同一年龄段的儿童，也存在一定的个体差异性，甚至个别儿童表现的差异性还很突出。因此，在进行教学设计时必须要全面考虑学前儿童的具体情况，如智商水平、语言表达能力、知识接受能力、动手操作水平等基本情况。

第二，教学目标。结合教学对象的具体情况和《3~6岁儿童学习与发展指南》的要求，教学设计必须制定明确的教育目标。教学目标是将最基本的生活知识，结合年龄的特点传授给儿童，更重要的是激发儿童参与实验探索活动的兴趣和积极性，主动增强儿童对科学知识的好奇心和求知欲。

第三，教学策略。教学策略主要包括教学模式、教学方法、教学手段等。在教学模式方面，学前科学实验教学多采用探究性的教学模式，即以观察、实验等形式为主。在教学方法方面，主要根据教学目标、实验内容、教学过程、教学手段及学生的年龄特点选择有效的教学方法，如观察认识教学法和实验操作教学法等。在教学手段方面，多以实物演示，或者通过信息化教学手段来提高实验演示的效果。

第四，教学过程。实验教学的教学过程一般包括以下环节：一是介绍材料、交代要求，引起儿童探究兴趣；二是提出问题，让儿童尝试、操作和发现；三是观察儿童实验，适时指导儿童使用材料和工具；四是鼓励儿童进行多种方法的尝试，允许儿童出错；五是给予实验评价，指出存在的问题，激励儿童不断进步。

第五，教学评价（教学反思）。结合实验教学的过程、儿童获知情况及教师心得，教学设计要含有对整个实验进行教学评价的环节。教学评价环节要体现整个实验教学对学前儿童学到的知识与技能的评价、明晰教学过程中存在的问题和突出优点，以及对后续科学实验教学的建议等。

任务2　确定实验教学目标

1. 任务描述

（1）应用所学知识，以小组为单位讨论实验教学目标制定的依据和学前科学实验教学目标，并完成表2-1-2-1和表2-1-2-2所示工作表单。

（2）结合教学示范课或视频，制定示范课或视频的实验教学目标，并完成表2-1-2-3所示工作表单。

（3）应用所学知识，以小组为单位讨论如何确定示范课或视频的实验教学重点和难点，并完成表2-1-2-4所示工作表单。

（4）在学生和教师点评的基础上完成表2-1-2-5所示工作表单。

跳舞的颜料

2. 工作表单

表 2-1-2-1　实验教学目标制定的依据

序号	依　据
1	
2	
3	

表 2-1-2-2　学前科学实验教学目标

项目	教学目标
情感目标	
认知目标	
基本能力和技能目标	

表 2-1-2-3 _____实验教学目标

项目	教学目标
情感目标	
认知目标	
基本能力和技能目标	

表 2-1-2-4 _____实验教学的重点和难点

项目	主要内容	原因
教学重点		
教学难点		

表 2-1-2-5 学生与教师点评记录

项目	主要内容
学生	
教师	

3.反思评价

（1）结合本次任务，请写下你的反思。

我的反思：_____
_____
_____

（2）对自己完成表2-1-2-1~表2-1-2-4所示的工作表单分别进行评价，评价表见表2-1-2-6。

表 2-1-2-6 评价表

工作表单	完成度	自评打分	小组评分
表 2-1-2-1	☆☆☆☆☆	☆☆☆☆☆	☆☆☆☆☆
表 2-1-2-2	☆☆☆☆☆	☆☆☆☆☆	☆☆☆☆☆
表 2-1-2-3	☆☆☆☆☆	☆☆☆☆☆	☆☆☆☆☆
表 2-1-2-4	☆☆☆☆☆	☆☆☆☆☆	☆☆☆☆☆

4.学习支持

（1）教学设计准备

学前科学实验教学设计的思路要突出对儿童创新思维的开发，注重对儿童科学兴趣的培养。教学设计中要明确教学目标、教学重点与难点及教学策略。教学设计应该从儿童学习情况、科学实验内容、科学实验环境及教师自身素质四个方面进行有效分析。

第一，儿童学习情况分析。教师要认真研究学前儿童当前的知识水平及掌握的基本技能情况，知晓他们的认知水平，了解儿童的语言表达能力等。儿童学习情况分析是教学设计的基础。分析儿童的学习情况应做到既要了解全体儿童的情况，又要重点了解发育缓慢儿童的情况。一般来说，教师可从以下几个方面对儿童进行了解：①儿童的年龄特征、个性差异、兴趣爱好、性格气质；②儿童的最近发展区、认知过程和学习需要；③儿童的已有经验、知识水平和接受能力等。

第二，科学实验内容分析。教师要认真研究科学实验所涉及的知识点及拓展知识的内容、深度和广度，考虑它们是不是适应当前学前儿童的智力发展和认知水平。教师要掌握相关教材的知识体系、逻辑结构和编排意图，了解每个单元和每个实验的教学目标、重难点，了解各领域之间的联系。这就要求教师通过反复阅读教材并查阅有关资料。

第三，科学实验环境分析。教师要认真研究开展科学实验所在教室（实验室）的环境是否利于实验的开展、实验器材与材料是否充足和安全等。幼儿园的各种教育活动都需要以各类教具为依托，引导幼儿在看看、听听、摸摸、玩玩的过程中进行交流和操作，感受知识，学习技能。

第四，教师自身素质分析。教师要全面地清楚自身的素质和能力，如在组织语言方面，教师是否善于选择最中肯、最精确、最形象的语言来表达所要讲授的内容，是否能让学前儿童透彻地理解、明确地操作，达成最好的活动效果；在教态方面，教师能否做到生动活泼、大方自然，使学前儿童深刻领会所学的知识。

（2）制定教学目标

结合学前儿童的年龄特点和《3~6岁儿童学习与发展指南》中所涉及的科学知识来确定实验教学目标，做到目标明确、简单易行；同时，教学目标要有利于激发儿童对科学的兴趣，不要把过难的科学知识及不符合儿童年龄特点的科学知识传授给儿童。要注重情感教育，注重团队精神的培养，注重语言交流。

第一，情感目标。情感目标是指兴趣、动机、自信、意志和合作精神等培养目标，以及在学习过程中逐渐形成的祖国意识和国际视野。保持积极的学习态度是学习成功的关键。教师在教学中不断激发并强化学生的学习兴趣，并引导他们逐渐将兴趣转化为稳定的学习动机，以使他们树立自信心、增强克服困难的意志、认识到自己学习的优势与不足，使他们乐于与他人合作，养成和谐、健康向上的品格。

第二，是认知目标。认知领域的教学目标分为识记、领会、应用、分析、综合和评价六个层次，形成由低到高的阶梯。识记是指对所学材料的记忆，包括对具体事实、方法、过程、概念和原理的记忆。其所要求的心理过程是记忆，这是最低水平的认知学习结果。领会是指把握所学材料的意义。可以借助以下三种形式来检测对材料的领会程度：①转换，即用自己的语言或用不同于原先表达方式的方法表达自己的思想；②解释，即对一项信息加以说明或概括；③推断，即对事物之间的逻辑关系进行推理。

领会超越了单纯的记忆，代表最低水平的理解。

第三，基本能力和技能目标。基本能力包括获取、收集、处理、运用信息的能力，创新精神和实践能力，终身学习的能力。技能主要包括动作技能、智力技能和自我认知技能等。

（3）确定教学重点和难点

第一，确定教学重点。对于儿童比较熟悉的科学实验，应重点分析该实验内容在儿童成长过程中的地位。教学重点一般是指实验中最基本、最关键的内容，主要包括实验现象的解释和实验主要操作过程与方法。教学重点需要从幼儿的实际出发，根据幼儿的具体情况而定。

第二，确定教学难点。凡为大部分儿童难于理解、掌握、运用的知识、复杂的技能和生疏的技巧，都是难点。难点是由于实验内容抽象，儿童难以理解，宜运用从具体到抽象、从感性到理性的原则，多举实例，多做演示，给儿童以丰富的感性知识，化抽象为具体。

任务3　确定实验教学策略

1. 任务描述

（1）结合教学示范课或视频，以小组为单位讨论实验教学的主要过程，完成表2-1-3-1所示工作表单。

（2）结合所学知识，以小组为单位讨论确定实验教学方法、教学模式和教学手段的依据，并完成表2-1-3-2所示工作表单。

跳舞的颜料

（3）完成上述工作表单后，以小组为单位选派代表依次发言。

2. 工作表单

表 2-1-3-1　实验教学的主要过程

项目	主要过程

表 2-1-3-2　确定实验教学方法、教学模式、教学手段的依据

项目	依据
教学方法	
教学模式	
教学手段	

3. 反思评价

（1）结合本次任务，请写下你的反思。

我的反思：_____
_____
_____

（2）对自己完成的工作表单（见表2-1-3-1和2-1-3-2）分别进行评价，评价表2-1-3-3。

表 2-1-3-3 评价表

工作表单	完成度	自评打分	小组评分
表 2-1-3-1	☆☆☆☆☆	☆☆☆☆☆	☆☆☆☆☆
表 2-1-3-2	☆☆☆☆☆	☆☆☆☆☆	☆☆☆☆☆

4. 学习支持

（1）教学策略

教学策略是指在特定教学情境中为完成教学目标和满足学前儿童认知需要而制订的教学程序计划和采取的教学实施措施。在学前科学实验教学中，教学策略主要体现在教学模式、教学方法和教学手段上，体现在由"教什么""学什么"向"怎么教""怎么学"过渡，即根据教学目标、教材内容和学前儿童的实际情况进行教学模式、教学方法和教学手段的设计、选定，以促使学前儿童生动、活泼、主动地学习。例如，针对学前儿童的年龄特点和智力发展水平，学前科学实验教学多采用启发式教学法。启发式教学法注重激发学前儿童的学习兴趣和参与活动的积极性、主动性，使他们愉快地参与动手实验操作过程中，提供给他们一种自我探索、自我思考、自我表现的机会；同时，启发式教学法注重建立民主、和谐的师生关系，师生双方相互尊重、相互信任、相互配合、相互促进。

（2）教学过程

针对学前儿童启发式实验教学的特点，一般验证性实验将实验教学过程分成五个部分，即提出实验猜想、介绍实验材料、指导（演示）实验过程、实验分析与讲解及实验拓展与创新。

第一，提出实验猜想。提出实验猜想类似于通常所说的课程导入，实验猜想的目的是吸引儿童的注意力，让他们快速进入实验探究的情境中。例如，"白纸藏字"实验猜想："小朋友们，你们都认识洗手液，那么用洗手液能制作隐形字吗？"

第二，介绍实验材料。介绍实验材料是指学前儿童提出实验猜想后，向其介绍实现猜想（验证猜想）所需的实验材料。在介绍实验材料的过程中，要让学前儿童学会认真观察每种实验材料。

第三，指导（演示）实验过程。在实验过程中，如果有教师演示，教师要做到边讲解边演示。在讲解过程中，语言要生动形象、富有激情和启发性；同时，注重引导儿童仔细观察实验过程和实验现象，并不断提出疑问，让儿童一个环节接一个环节地进行猜想，进而集中儿童的注意力，培养他们的观察能力和创新思维。

第四，实验分析与讲解。通过实验进一步验证儿童的猜想是否正确，结合实验过程给出符合儿童年龄特点的、简单易懂的实验结论和实验原因。

第五，实验拓展与创新。在设计过程中，一定要在原有实验的基础上，启发儿童能否采用其他方式、方法来完成类似的实验，或者探究如果不这样做会产生哪种现象，进一步深入探究实验过程，培养儿童的实验创新思维。

教学过程可以结合不同的实验内容和实验模式做适当调整，以满足提高儿童探究欲望的要求。

单元二　科学实验教学过程设计

任务1　设计实验猜想导入

1. 任务描述

（1）参与教师组织的科学实验示范课或观看视频，以小组为单位讨论实验猜想的作用，并完成表2-2-1-1所示工作表单。

（2）结合教师示范课或视频，以小组为单位讨论实验猜想导入的方法，并完成表2-2-1-2所示工作表单。

（3）结合"硬币和纸片同时落地"实验，设计不同的实验猜想设计方案，并完成表2-2-1-3所示工作表单。

硬币和纸片同时落地

（4）学生和教师分别点评"硬币和纸片同时落地"实验猜想导入，并完成表2-2-1-4所示工作表单。

（5）结合学生和教师点评，修改自己的实验猜想。

2. 工作表单

表 2-2-1-1　实验猜想的作用

序号	作用	√
1	承上启下	
2	集中儿童的注意力	

续表

序号	作用	√
3	促进教学改革	
4	激发儿童兴趣	
5	培养儿童创新思维	
6	美化育人环境	

注：请用"√"画出你认为在实验教学中猜想所具有的作用

表 2-2-1-2　实验猜想导入的方法

项目	可能的导入方法（√）	原因及作用分析	备注
借助科学故事			
借助原有知识			
借助生活实例			
借助实验问题			
其他方式方法			

表 2-2-1-3　"硬币和纸片同时落地"实验猜想设计方案

序号	设计方案
1	
2	

表 2-2-1-4　学生和教师点评记录

项目	点评要点
学生	
教师	

3.反思评价

（1）结合本次任务，请写下你的反思。

我的反思：_____
_____
_____

（2）对自己完成的工作表单（见表2-2-1-1~表2-2-1-3）分别进行评价，评价表见表2-2-1-5。

表 2-2-1-5 评价表

工作表单	完成度	自评	小组评价
表 2-2-1-1	☆☆☆☆☆	☆☆☆☆☆	☆☆☆☆☆
表 2-2-1-2	☆☆☆☆☆	☆☆☆☆☆	☆☆☆☆☆
表 2-2-1-3	☆☆☆☆☆	☆☆☆☆☆	☆☆☆☆☆

4.学习支持

（1）实验猜想及作用

猜想是人们的一种直觉推论，在科学实验教学过程中具有重要的作用。

第一，具有承上启下的作用。猜想在科学探究活动中起着承上启下的作用，它既是儿童在探究之前对实验问题进行的一种预见性思考，又是制订下一步探究计划的根据，也是选择实验方法和实验材料的基础。科学探究的结论也是围绕着猜想进行的，探究结果是对猜想的验证。

第二，集中儿童的注意力。俄罗斯教育家乌申斯基曾精辟地指出："注意"是我们心灵的唯一门户，意识中的一切，必然都要经过它才能进来。猜想是沟通新旧知识的桥梁，激发儿童的探究欲望，集中儿童的注意力。

第三，激发儿童的学习兴趣。兴趣是孩子的最好老师，当儿童对某个问题或现象产生兴趣时，他就会积极思考，想方设法去解决所遇到的问题。猜想能调动儿童的积极性。恰当地运用猜想，很容易将儿童的兴趣吸引到被研究的事物上来，从儿童所熟悉的知识或事实（现象）出发，从而具有较好的可接受性。

第四，培养儿童的创新思维。猜想是一个思维发散的过程，对问题（现象）提出猜测能有效地培养儿童的发散思维、想象力和创造性思维。在科学实验教学中，幼教工作者更应当让儿童充分展现其内在的思维过程。

（2）实验猜想贯穿于科学实验教学之中

在科学实验教学过程中，实验猜想主要体现在两个环节，即儿童在实验探究前（或教师演示实验前）的猜想和实验过程（或拓展实验）中的猜想。其中，实验前的猜想多为导入新课做准备，也是激发儿童学习兴趣、使其全身心投入科学探究的关键一步。巧妙地设置实验猜想可以紧紧抓住儿童的注意力，调动他们的求知欲和积极性，将他们的实际认知和实验教学内容进行有效衔接。实验过程中的猜想更多的是向儿童提出各种思考问题，有时起到承上启下的作用，有时候起到集中儿童注意力的作用。实验猜想不仅有利于教学活动的开展，而且有利于提高教学效果。尤其是实验拓展和延伸阶段的猜想还可以进一步激发儿童的创新思维，使其对科学产生求知欲望。

（3）实验猜想导入类型

有孔纸片托水

小朋友们都知道，有孔的东西都会漏水，这是一张扎满小孔的纸片，它是不是也会漏水呢？

第一，借助实验问题提出猜想。向儿童直接提出与本实验内容相关的问题就是最简单、最直接的实验猜想。这种方式可使儿童迅速进入思考状态，有助于激发儿童进行思考。在这种情境下，儿童带着问题学习，目标更加明确，有助于集中注意力。教师在运用实验问题提出猜想时，要注意问题的针对性。如"有孔纸片托水"实验猜想导入设计，直接运用了借助实验问题提出猜想的方式来激发儿童的求知欲。通常这种猜想问题的答案为是或不是。但无论是或不是，都可以激发儿童深入思考，激发他们的实验热情。这种借助实验问题提出猜想的方式是最常见的。

第二，借助生活实例引出猜想。科学知识与日常生活中的实际现象和事物是密切相关的，对于儿童来说，日常生活中的实际问题是看得见、摸得着的，有的还亲身经历过，为此教师要善于联系客观实际、丰富现实材料，使儿童产生思想碰撞的火花。例如，"掉不下来的塑料板"实验猜想导入设计。类似的生活实例儿童也会经常见到，但是猜想的问题却是小朋友们意想

> **掉不下来的塑料板**
>
> 小朋友们，一块塑料板能盖住玻璃杯，那么玻璃杯倒过来塑料板会不会掉下来呀？对，塑料板一定会掉下来。那么，小朋友们，你们想不想知道怎么能不让塑料板掉下来呢？

不到的实验现象。这时儿童就会纷纷提出自己的猜测，常常会怀疑老师提出的问题是不是错误的。这也极大地激发了儿童参与实验的积极性，甚至使其产生一种立即动手进行实验探究的冲动。

第三，借助原有知识提出猜想。有的时候在进行新的实验前，教师会和小朋友一起复习和巩固学过的知识（或实验），然后引入新的知识（或实验）。例如，在"吹不灭的蜡烛"实验猜想中，首先与小朋友一起回忆隔空吹蜡烛的实验和有关知识。实验时采用小漏斗，会使小朋友思考瓶子和小漏斗的区别，是形状不同还是其他方面不同呢？这种借助原有知识提出猜想的方

> **吹不灭的蜡烛**
>
> 小朋友们，我们上一次实验中隔着玻璃瓶能将蜡烛吹灭。那么，我们不用玻璃瓶而用一个小漏斗（教师在儿童面前展示小漏斗）是不是也能吹灭蜡烛呢？

式有助于激发儿童对原有知识的深入理解和进一步的思考。

第四，借助科学故事提出猜想。科学知识中常伴有一些著名的科学事例和发现，教师可以通过讲故事的方式来讲述科学家们的发现方法，提出猜想。借助科学故事，不仅能够使儿童得到强烈的情感熏陶，而且有助于教育儿童要像科学家一样去学习和体会科学家的思维方法和探究精神。例如，在"硬币和纸片同时落地"实验猜想导入设计中，通过向小朋友讲述两个铁球同时落地的故事，不仅能够吸引儿童进入学习探究情境，激励他们学习科学的情感，而且运用猜想可以进一步结合实验激发他们的求知欲望和创新精神。类似的科学故事还有很多，如在认识大气压强的实验中可以讲述马德堡半球实验的故事，在进行潜水艇实验时可以讲述死海不死的故事等。

硬币和纸片同时落地

小朋友们，你知道大科学家亚里士多德吗？古希腊伟大的科学家亚里士多德认为，物体下落速度的快慢是不一样的。它的下落速度和它的重量成正比，即物体越重，下落的速度也就越快。1700多年前，年轻的科学家伽利略大胆地对亚里士多德的学说提出了疑问。他选择了比萨斜塔，决定亲自动手做一次实验。一天，他带了两个质量不等的铁球，一个重100磅，另一个重1磅。他站在比萨斜塔上面，两手各拿一个铁球，大声喊道："下面的人们，你们看清楚，铁球就要落下去了。"说完，他把两手同时张开。人们看到，两个铁球平行下落，几乎同时落到了地面上。所有的人都目瞪口呆了。伽利略的试验揭开了落体运动的秘密，推翻了亚里士多德的猜想。这个实验在物理学的发展史上具有划时代的重要意义。那么，小朋友们，你们想一下：一枚硬币和一张纸片能同时落地吗？

任务2　设计教学探究过程

1.任务描述

（1）参与教师组织的科学实验示范课或观看视频，以小组为单位讨论实验猜想可能出现的位置及猜想的作用，并完成表2-2-2-1所示工作表单。

（2）结合教师指定的实验，设计实验教学中的实验猜想，完成表2-2-2-1所示工作表单。

（3）在学生和教师点评的基础上修改自己的实验猜想，完成表2-2-2-1所示工作表单。

手掌吊瓶子

2.工作表单

表 2-2-2-1　实验猜想可能出现的位置及猜想的作用

序号	实验猜想可能出现的位置	猜想的作用
1		
2		
3		

表 2-2-2-2 _____实验猜想设计

组别：
实验名称：
实验过程：

表 2-2-2-3 学生与教师点评记录

项目	点评要点
学生	
教师	

3.反思评价

（1）结合本次任务，请写下你的反思。

我的反思：_____
_____
_____

（2）结合本次任务，你如何在实验教学中运用猜想激发儿童进行实验探究？

我的做法：_____
_____
_____

（3）对自己完成的工作表单（见表2-2-2-1和表2-2-2-2）分别进行评价，评价表见表2-2-2-4。

表2-2-2-4 评价表

工作表单	完成度	自评打分	小组评分
表2-2-2-1	☆☆☆☆☆	☆☆☆☆☆	☆☆☆☆☆
表2-2-2-2	☆☆☆☆☆	☆☆☆☆☆	☆☆☆☆☆

4.学习支持

（1）以观察为主的科学实验要引导儿童细致观察

学会观察是儿童的一项重要学习能力，也是探究实验的前提和基础。教师一定要引导儿童做到细致、准确地观察，在实验操作过程中要仔细观察实验现象，及时发现问题。在实验过程中，教师要及时引导儿童进行猜想，不断激发他们进行思考，培养他们对科学的兴趣。下面以"不湿的手绢"实验教学过程为例，阐述如何引导儿童在细致观察中进行猜想。例如，教师提出"可能会出现什么情况？"，就是引导儿童去猜想。如果教师不提出类似问题，儿童在观看教师演示实验或自己做实验的过程中，就会漫无目的地观察，实验也是仅仅停留在"玩"的层面，更谈不上思维的创新。而通过教师的有效提问和儿童的猜想，儿童就会聚精会神地积极思考。他们不仅会观察到"空气是真实存在的""水是流动的"等现象，还会注意到在实验中"水可以进入玻璃杯里一部分"的现象。

不湿的手绢

在本实验教学过程中，教师采用演示形式，小朋友仔细观察教师的示范操作。

师：（演示：把一手绢塞进玻璃杯底部）如果把玻璃杯倒着竖直放入水中，可能会出现什么情况呢？

生：可能会有气泡冒出来。

生：手绢会变湿。

生：手绢不会湿，因为玻璃杯里有空气，水进不去。

师：小朋友们能提出自己的看法非常好，说明我们能像科学家一样认真观察、仔细分析，想通过自己的努力解决问题。

小朋友自己演示实验。

师：实验中你观察到了什么？

生：手绢没有湿。玻璃杯倒着竖直放入水中，手绢不会湿。

师：手绢没有湿说明什么问题呢？

生：水没有进入玻璃杯里。

生：水进去了，只不过只进入了一点点，没接触到手绢。

师：观察真仔细，水为什么接触不到手绢呢？

生：玻璃杯里有空气。

生：玻璃杯里有很多空气，把水和手绢分开了。

（2）以探究为主的实验要引导儿童进行发散思维

探究实验是指在教师的指导下儿童独立去探究和发现问题。以探究为主的科学实验，有时也没有标准的答案，所以有必要从不同角度、不同深度或不同广度来进行多方面的探究。在实验过程中，儿童可能会有失败的沮丧，也可能有成功的喜悦。因此，在儿童实验过程中，教师要及时指导儿童进行大胆的猜想，并鼓励他们做下去。以"有孔纸片托水"实验为例，在实验过程中引导儿童发散思维进行猜想。在"有孔纸片托水"实验猜想设计中，从纸片上孔的大小、多少、形状等来探讨纸片能否托住水，就是让儿童从不同的角度、不同的层面来猜想。由于实验中仅仅给出了大头针，因此儿童很难会想到孔的大小。所以，在探究孔的大小前教师要引导儿童去思考，让他们去猜想。既要从数量上思考，又要从形状上思考，进而不断培养儿童多角度、多层次猜想实验的习惯。通过一个一个猜想的实现，让儿童把注意力集中到探究目的和方法上。善于思考的儿童还会提出"水不满时，纸片会不会托住水呢？"等问题，这样就进一步激发了儿童的探究热情。

有孔纸片托水

在掉不下来的塑料垫板实验中，我们也可以用普通纸托住水。但是，采用有孔的纸是否也能托住水呢？在实验教学过程中，首先采用教师演示的方式，小朋友观察，然后小朋友们开始分组进行实验探究。

师：（演示：用大头针在纸片上扎了一个孔，把有孔纸片覆盖在玻璃杯上，然后倒转过来）现在我用大头针在纸片上扎了一个孔，纸片能托住水吗？

生：不能，水会漏出来。

生：能，纸片不会掉下来。

小朋友开始分组实验。

师：实验中，孔多的纸片还能托住水吗？

生：能。

生：不能。

小朋友继续分组实验。

师：小朋友们，我们还可以从哪个方面来探讨纸片托水的问题呢？

生：孔的大小。

生：孔的形状。

生：……

小朋友们根据自己的猜想分组实验。

（3）以方法为主的实验要引导儿童转换思路

实验方法是指根据一定的研究目的，运用适当的手段，人为地控制模拟或创造自然现象，使之以纯粹、典型、精确、系统、明显的形式表现出来，从而获取人类经验的方法。在儿童不能真正进行有效猜想的情况下，教师要结合实验内容引导儿童，引导其转换思路。下面以"手掌吊瓶子"和"带电的报纸"实验为例，在实验过程中引导儿童转换思路进行猜想。设计"手掌吊瓶子"猜想环节的目的是引导儿童明晰实验的原理，并且对他人的设计进行借鉴或提出质疑，用批判性思维去审视不同方案，有利于儿童在动手操作过程中及时调整思路，以便更好地完成实验。在本实验中，可以通过热胀冷缩原理改变气体压强，当然也可以通过减少瓶内气体的方法减少压强。而在"带电的报纸"实验中，经过之前的猜想，儿童对粘贴的位置有了更多的描述，这个时候有必要转换思路，不用铅笔摩擦的方式实验结论能否成立呢？在实验中不断转换思路，可以让儿童进行进一步猜想，有助于他们创新思维的培养，同样也有助于激发他们对科学的兴趣。

手掌吊瓶子

在"手掌吊瓶子"实验中，往玻璃杯中加入少量热水，摇一摇，然后倒掉热水；把空玻璃杯放进有凉水的水盆中，手掌严密地覆盖在瓶口上；等瓶子冷却后，抬起手掌，瓶子就会被手掌吸起来。这是一种通过水温变化来减小瓶内的压强的方式。在实验拓展中，如果不考虑水温的变化能否完成手掌吊瓶子实验呢？温度变化引起空气热胀冷缩导致压强的变化，那么是否可以借助瓶子吞蛋的实验来实现手掌吊瓶子呢？

带电的报纸

小朋友们，你们知道怎么将报纸粘贴到墙上吗？对，用胶水等可以把报纸粘贴到墙上。但是，老师今天不用胶水能不能将报纸粘贴到墙上呢？

下面请小朋友们注意观察老师的动作，先展开报纸，将报纸平铺在墙上，然后用铅笔侧面迅速地在报纸上摩擦几下后，报纸就粘贴在墙上了。

教师在讲授实验和分析后，进行实验拓展，提出进一步猜想，对于普通纸，可以用铅笔摩擦将其粘贴在墙上。那么，还有哪些物品可通过铅笔摩擦粘贴在墙上呢？这时候儿童会说塑料、布条等，等儿童发言后，我们可以转换一下思路，让小朋友思考，这些物品是可以粘贴在墙上的，那么我们还可以把它们粘贴在哪里？这样我们就转移了儿童的注意力，转换到报纸要粘贴的对象上了。儿童会脱口而出玻璃、门、黑板等。待大家说过后，教师再转换一下思路，我们有没有考虑换掉铅笔呢？类似这样的转换思路提出猜想有助于儿童开动大脑，有助于启发他们积极思考。

（4）以制作为主的实验要引导儿童转换方法

在学前科学实验中，还有一类科学实验，即科技小制作实验。针对科技小制作实验，主要引导儿童在材料选择、制作方法上进行猜想。针对"自制电话机"等实验，设计猜想环节的目的是引导儿童进一步熟悉实验制作过程，分析实验材料在制作过程中所发挥的作用，同时从另一个角度对实验原理进行有效的学习与运用。通过材料的选择来指导儿童的猜想，可以使儿童对实验材料的分类等知识进行深入地学习。

> **自制电话机**
>
> 声音的传播需要介质，声音在不同的介质中的传播速度不同，我们听到的声音也不同。这也是电话机原理的模拟实验。本实验需要的材料主要有两个纸杯、一把锤子、两根钉子、一根长线。在实验拓展过程中，指导儿童进行以下猜想："细绳能否改用长铁丝、毛线呢？纸杯能否改用易拉罐呢？"

任务3　设计实验拓展和延伸

1.任务描述

（1）参与教师组织的科学实验示范课或观看视频，以小组为单位讨论教师如何开展实验拓展和延伸设计，并完成表2-2-3-1所示工作表单。

（2）结合教师指定的实验开展拓展和延伸设计，并完成表2-2-3-2所示工作表单。

（3）在学生和教师点评的基础上修改实验拓展和延伸设计，并完成表2-2-3-3所示工作表单。

漂浮的硬币

2.工作表单

表 2-2-3-1　如何开展实验拓展和延伸设计

序号	拓展延伸思路	作用
1		
2		
3		

表 2-2-3-2　实验拓展和延伸设计

组别：
实验名称：
实验过程：

表 2-2-3-3　学生和教师点评记录

项目	点评要点
学生	
教师	

3.反思评价

（1）结合本次任务，请写下你的反思。

我的反思：_____
_____
_____

（2）结合本次任务，你如何在实验结束后进行拓展和延伸设计？

> 我的做法：_____
> _____
> _____

（3）对自己完成的工作表单（见表2-2-3-1和表2-2-3-2）分别进行评价，评价表2-2-3-4。

工作表单	完成度	自评打分	小组评分
表 2-2-3-1	☆☆☆☆☆	☆☆☆☆☆	☆☆☆☆☆
表 2-2-3-2	☆☆☆☆☆	☆☆☆☆☆	☆☆☆☆☆

4.学习支持

在实验操作结束后，如何进一步激发儿童的科学兴趣？这就要求教师做到拓展和延伸。建议从以下几个方面入手：一是实验方法的变换；二是对实验材料进行变换；三是从其他角度进行思考。详细介绍见本书模块三。

任务4 设计实验教学教案

1.任务描述

（1）根据右图二维码提供的材料，书写"白纸藏字"实验教学教案，并完成表2-2-4-1所示工作表单。

（2）在学生和教师点评的基础上完善"白纸藏字"教案，并完成表2-2-4-2所示工作表单。

白纸藏字

2.工作表单

表2-2-4-1 "白纸藏字"实验教学教案

实验名称	
教学目标	
教学重点和难点	
实验准备	
教学过程	
实验拓展	
教学反思	

表 2-2-4-2　学生和教师点评记录

项目	点评要点
学生	
教师	

3. 反思评价

（1）通过本次任务，请写下你的反思。

我的反思：_____
_____
_____

（2）对自己完成的工作表单（见表2-2-4-1和表2-2-4-2）分别进行评价，评价表见表2-2-4-3。

表 2-2-4-3　评价表

工作表单	完成度	自评
表 2-2-4-1	☆☆☆☆☆	☆☆☆☆☆
表 2-2-4-2	☆☆☆☆☆	☆☆☆☆☆

4. 学习支持

（1）科学实验教学设计步骤

科学实验教学设计是从事科学实验教学的重要环节之一，其设计步骤主要包括明确实验目的、收集资料、设计方案、进行科学实验等。其中，设计方案中一般又包含实验目的、实验器材、实验过程、实验解

释等。因此，在进行科学实验教学设计之前，教师要明确实验教学目标，结合实验内容确立教学活动目标。在此基础上，教师要收集教学资料，根据儿童的特点和教学内容，从提供给幼儿探索材料或环境出发，提出问题或简短的指令，引发儿童的好奇心，激发儿童参与实验探索活动的兴趣和积极性。

在科学实验教学设计中，以上设计步骤不是固定不变的，也不是一定要面面俱到。在整个科学实验教学设计中，要努力做到系统性、整体性、目的性、有效性和可行性的有机结合。系统性即教学设计的总体要求和阶段教学目标的具体要求相一致；整体性即课堂教学设计各因素之间是相互关联、协调统一、相互促进的，不能彼此脱节和相互干扰；目的性即教学目标体现教学目的，保证教学目标的实现，而不能偏离教学目标；有效性即不能单纯追求教学形式，而要追求实际的教学效果；可行性即要符合当时的教学条件，符合儿童的实际，做到明确具体、切实可行。

（2）如何写教学反思

教学反思是指教师对教育教学实践的再认识、再思考，并以此来总结经验教训，进一步提高教育教学水平。教学反思一直是教师提高个人业务水平的一种有效手段。现在很多教师会从自己的教育实践中反观自己的得失，通过教育案例、教育故事或教育心得等提高教学反思的质量。教学反思主要包括以下几个方面的内容。

一是写成功之处。将教学过程中达到预先设计的教学目标、引起教学共振效应的做法，课堂教学中临时应变得当的措施，层次清楚、条理分明地板书，某些教学思想方法的渗透与应用的过程，教育学、心理学中一些基本原理的使用感触，教学方法上的改革与创新等，详略得当地记录下来，供以后教学时参考使用，并在此基础上不断地改进、完善、推陈出新。

二是写不足之处。即使是成功的课堂教学，也难免有疏漏和失误之处。因此，教师只要对它们进行系统的回顾、梳理，并对其做深刻的反思、探究和剖析，就可以吸取教训、总结经验，为今后再教学打下坚实的基础。

三是写教学机智。在课堂教学过程中，随着教学内容的展开、教师与儿童的思维发展及情感交流的不断融洽，教师往往会因为一些偶发事件而产生瞬间灵感，这些"智慧的火花"常常是不由自主、突然而至的，若不及时利用课后反思去捕捉和记录灵感，便会因时过境迁而烟消云散，令人遗憾不已。

四是写儿童创新。在课堂教学过程中，儿童是学习的主体，学生总会有"创新的火花"在闪烁，教师应当充分肯定儿童在课堂上提出的一些独特的见解，这样不仅使儿童的好方法、好思路得以推广，而且对儿童也是一种赞赏和激励。同时，这些难能可贵的见解也是对课堂教学的补充与完善，可以拓宽教师的教学思路，提高其教学水平。因此，将其记录下来，可以作为今后教学的丰富材料。

五是写再教设计。一节课结束后，静心沉思，不断摸索教学规律、教法上的创新之处、组织教学的新招、解题的突破、训练是否到位等。及时记下这些得失，并进行必要的归类与取舍，考虑一下再教这部分内容时应该如何开展，写出"再教设计"，这样可以做到扬长避短、精益求精，把自己的教学水平提高到一个新的境界和高度。

模块检测

1. 科学实验教学组织形式有哪些？
2. 学前科学实验设计应结合哪些项目进行？学前科学实验设计由哪些要素组成？
3. 制定学前科学实验教学目标的依据是什么？怎样制定情感目标、知识目标和技能目标？
4. 如何结合教学目标确定实验教学中的重点和难点？
5. 实验教学设计过程中如何选择教学模式和教学方法，如何利用教学手段？
6. 如何通过实验猜想进行实验教学导入？
7. 如何进行教学过程探究设计？
8. 怎样做教学拓展和延伸设计？
9. 结合本书模块六介绍的有关实验设计实验教学教案。

模块三　科学实验教学技能

背景介绍

《3~6岁儿童学习与发展指南》指出，支持和鼓励幼儿在探究的过程中积极动手动脑寻找答案或解决问题。例如：鼓励幼儿根据观察或发现提出值得继续探究的问题，或由成人提出具有探究意义且能激发幼儿兴趣的问题；支持和鼓励幼儿大胆联想、猜测问题的答案，并设法验证；支持、引导幼儿学习用适当的方法探究和解决问题，或为自己的想法收集证据。学前教育专业学生应不断更新教学理念，尤其在学前科学实验教学中，要用先进的教学理念教育、引导学生。

模块内容

本模块分为演示实验技能、指导实验技能、拓展和延伸技能三个单元。其中，演示实验技能单元细分为精选实验教学材料、规范实验操作和讲解两个任务，指导实验技能单元细分为记录和分析实验现象、运用信息技术教学两个任务，拓展和延伸技能单元细分为运用联想拓展和延伸、运用替代拓展和延伸、运用逆向拓展和延伸、运用找缺拓展和延伸四个任务。

模块目标

本单元意在培养学前教育专业学生如何准备实验材料和安装实验模型等教学基本功，使其能规范、准确地演示各种实验，并在演示实验过程中对儿童进行启发和引导，并注意语言的准确度和感染力。在指导实验过程中，要求学生知晓指导儿童收集实验现象的方法，并能够根据儿童的思维理解层次讲解科学知识；在指导儿童实验的过程中主动发挥教师的主导作用，激发儿童的好奇心和求知欲；在指导儿童实验过程中注重口头语言与形态语言的有机结合，与儿童进行交流时及时解决儿童提出的各种问题；同时使学生学会运用信息化教学手段，推进信息化教学，不断提高实验教学水平。学前教育专业的学生应学习和掌握实验创新技能，通过运用联想、替代、逆向、找缺四种方法训练和培养儿童的创新思维。

单元一　演示实验技能

任务1　精选实验教学材料

1. 任务描述

（1）参与教师组织的科学实验探究示范课或观看视频，以小组为单位讨论实验前应准备哪些实验材料，并完成表3-1-1-1所示工作表单。

（2）以小组为单位讨论学前科学实验材料应该具备什么特点，并完成表3-1-1-2所示工作表单。

（3）以小组为单位讨论如何利用简单材料组装复杂的实验设备，并完成表3-1-1-3所示工作表单。

跳舞的颜料

2. 工作表单

表 3-1-1-1　　　　　实验材料表

实验序号	实验材料
1	
2	

表 3-1-1-2　学前科学实验材料应具备的特点

序号	作用	√
1	材料多样性	
2	材料安全性	
3	材料易得性	
4	材料稳定性	
5	材料趣味性	
6	材料经济性	

注：请用"√"画出你认为学前科学实验材料应具备的特点。

表 3-1-1-3　如何组装实验设备

项目	主要内容
1	
2	
3	

3.反思评价

（1）结合本次任务，请写下你的反思。

我的反思：_____
_____
_____

（2）对自己完成的工作表单（见表3-1-1-1~表3-1-1-3）分别进行评价，评价表见表3-1-1-4。

表 3-1-1-4　评价表

工作表单	完成度	自评打分	小组评分
表 3-1-1-1	☆☆☆☆☆	☆☆☆☆☆	☆☆☆☆☆
表 3-1-1-2	☆☆☆☆☆	☆☆☆☆☆	☆☆☆☆☆
表 3-1-1-3	☆☆☆☆☆	☆☆☆☆☆	☆☆☆☆☆

4. 学习支持

材料是科学实验的基础，没有一套完整的实验材料，一般很难实现实验效果。作为一名未来的幼教工作者，在学前科学实验材料选择方面必须做到会选择、会设计、会应用日常的材料作为科学实验材料。在实验材料选择方面应尽量做到以下几点：

第一，注重材料的多样性。在学前科学实验教学中，实验材料要满足实验的需要，应具有多样性和层次性。首先，材料应突破数量上的限制，可以实现人手一份，能够满足儿童独立探究的需要；其次，材料要满足不同层次儿童学习的需要，有的儿童可以多做几次，有的儿童可以少做几次；最后，结合实验过程，实验材料应具有多种差异性。比如，在溶解实验中，选择材料时要做充分考虑可溶和不溶的材料、上浮和下沉的材料、变色和不变色的材料等，这就需要准备多种多样的材料。即使是塑料瓶子，有时也要准备多种多样的，如矿泉水瓶、纯净水瓶、可乐瓶、红茶饮料瓶、果汁瓶等，有的规格不同，有的形状不同，有的软硬度不同，这些多种多样的材料有助于儿童观察分类并进行比较等。

第二，注重材料的趣味性。儿童大都具有好奇心、好玩、好动，喜欢色彩鲜艳、

造型新颖的事物的特点。因此，实验材料应根据儿童的年龄特征进行设计和选择。首先，从外观上，应设计红、黄、蓝、绿等色泽鲜艳的材料，这些材料会给儿童一种新鲜感，使他们见到材料就会爱不释手；其次，利用这些材料能够构建新颖的实验模型，通过操作能呈现新奇的实验现象，这些现象很容易引起儿童的有意注意，诱发他们主动探究科学的欲望。

第三，注重材料的安全性。考虑到儿童的年龄特点，首先实验材料必须保证安全；其次实验材料的选择应符合环保要求，不可降解的材料如泡沫、塑料等尽量不要涉及。对于实验过程中必须采用的危险材料，如"漂浮的针"实验中针的使用、"隔空吹蜡烛"中蜡烛（火柴）的使用等，教师一定要悉心指导，时刻关注儿童实验的过程。

第四，注重材料的实效性。儿童认识的对象是实实在在的客观事物和现象，只有通过对具体的实物和现象的观察，才能形成具体的科学知识。没有实物材料时再选择标本，没有标本时再考虑音像资料。材料的质地不是档次越高就越好，而以能保证最佳的实验效果为宜。最佳途径是因地制宜地准备材料，实验中的大部分材料都可以用身边的材料替代。

任务2　规范实验操作和讲解

1.任务描述

（1）参与教师组织的科学实验示范课或观看视频，以小组为单位讨论实验操作中应注意的事项和实验讲解过程中应注意的问题，并分别完成表3-1-2-1和表3-1-2-2所示工作表单。

（2）自己独立操作和讲解一个实验，在学生和教师点评的基础上进一步完善，并完成表3-1-2-3所示工作表单。

瓶子赛跑

2.工作表单

表 3-1-2-1　实验操作中应注意的事项

序号	主要内容
1	
2	
3	

表 3-1-2-2　实验讲解过程中应注意的问题

序号	主要内容
1	
2	
3	

模块三　科学实验教学技能

表 3-1-2-3　学生与教师点评记录

项目	点评要点
学生	
教师	

3. 反思评价

反思评价见表 3-1-2-4。

表 3-1-2-4　反思评价

内容	完成度	自评打分	小组评分
实验操作讲解	☆☆☆☆☆	☆☆☆☆☆	☆☆☆☆☆

（1）对自己完成的实验操作和讲解进行评价。

我的评价：_____
_____
_____

（2）结合本次任务，你认为该如何做到规范操作与讲解同时进行？

我认为：_____
_____
_____

4. 学习支持

（1）掌握基本操作

实验操作技能主要是指使用实验仪器设备（材料）完成实验任务的技能。学前科学实验操作技能是未来幼教工作者指导儿童完成科学实验所应表现出来的、实际的、专门的操作技术水平。基本操作规范与否有时直接决定了演示实验的成败，在一些实验中表现得尤为明显。在学前科学实验教学中，常用的基本仪器或工具有放大镜、刻度尺、天平、测力计、量筒、试管、烧杯、电流表等。对于一些仪器，不仅要了解它们的名称、原理、构造、性能、特点及使用注意事项，更要注意进行规范性操作。对于各种工具或仪器的基本操作，未来幼教工作者要告诉儿童科学实验仪器的使用方法是不能探究的，要严格按照实验规范进行操作。

（2）实验操作技巧

为了提高演示实验的质量，激发和引导儿童的兴趣，在演示过程中要注意以下几个方面的问题：

第一，准备要充分。演示实验是幼教工作者备课的重要内容，需要认真研究和准备。如果幼教工作者不事先进行演示实验，有时会造成演示失败或出现意想不到的情况，导致"强行"让儿童接受实验现象或结论的情况发生。例如，在"掉不下来的塑料板"实验中，如果用软矿泉水瓶做实验，手握瓶子中部时，软矿泉水瓶很容易变形，进而会影响实验效果。所以，在该实验过程中使用硬塑料瓶为佳。

第二，操作要规范。操作规范是指未来幼教工作者在使用仪器、连接和组装实验模型及演示实验现象时动作要准确、规范。例如，如果使用托盘天平，在取用砝码、移动游码时必须用镊子而不能直接用手；点燃酒精灯后火柴不能随手扔在地上，要放在专门的废物杯中等。未来幼教工作者进行规范操作，不仅是实验成功的前提，而且会引导儿童养成严谨求实的良好实验习惯，有助于儿童养成科学素养。

第三，演示易观察。演示实验不仅要现象清楚，还要面向每位儿童。幼教工作者尽量使每位儿童既要看到实验过程，又要看到重要的实验细节。在演示过程中，必要时还要移动实验设备或要求每位儿童走近实验器材进行观察与思考。

单元二　指导实验技能

任务1　记录和分析实验现象

1. 任务描述

（1）参与教师组织的科学实验示范课或观看视频，以小组为单位讨论怎样指导儿童记录和分析实验现象，并完成表3-2-1-1和表3-2-1-2所示工作表单。

（2）结合示范课或视频，以小组为单位讨论教师总结实验规律（结论）的语言特点，并完成表3-2-1-3所示工作表单。

鸡蛋潜水艇

2. 工作表单

表 3-2-1-1　记录实验现象的方法

序号	主要方法
1	
2	
3	

表 3-2-1-2　分析实验现象的方法

序号	主要方法
1	
2	
3	

表 3-2-1-3　总结实验规律（结论）的语言特点

序号	主要特点
1	
2	
3	

3.反思评价

（1）结合本次任务，请写下你的反思。

我的反思：_____
_____
_____

（2）结合本次任务，你认为该如何在实验操作过程中巧妙地运用设疑与猜想？

我认为：_____
_____
_____

4.学习支持

（1）儿童记录实验现象的方法

　　对于儿童来讲，记录实验现象是一件很困难的事情。因为记录实验现象主要有随机记忆、文字记录、表格记录等方法。但是，对于学前儿童来讲，认字水平还处于起步阶段。所以，学前儿童多为随机记忆或通过图形和表格的形式来记忆。如果表格记录则要求幼教工作者事先制作好相应的表格，表格中的内容可采用标注的方式，如箭头、短横、竖线等，也可用儿童比较熟悉的图形来展示。

(2)儿童分析实验现象的方法

幼教工作者指导儿童分析实验现象时,要根据实验内容和过程引导儿童回忆或补充相关知识,为分析实验现象提供必要的知识储备。为了进一步突出实验现象,有时还要营造一个分析现象的环境,激活儿童的思维,让儿童从心理上敢于分析和乐于分析。目前,儿童常用的分析方法主要包括列表法和讨论法。

列表法主要是在比较两种以上事物的异同点时很有用。幼教工作者要学会给儿童提供一个有序的框架对事物进行比较。例如,把要比较的事物列在表格的顶端,把做比较所依据的特征列在左侧的一栏中;同时把每种事物的各个特性的信息填入相应的格子中。

讨论法是通过幼教工作者向儿童提出有意义的问题,激发儿童思考,用语言进行交流的一种课堂形式。在讨论之前幼教工作者需要设计好题目,题目要紧扣目标,要求小而具体、新而有趣,且有启发性,没有现成的答案,能引发出许多合理的答案。儿童分析是讨论的主要环节,在该环节幼教工作者可以指导儿童先描述实验现象,再分析实验现象形成的原因,并运用有关知识分析实验现象说明了什么,最后用推理的方法得出实验结论。

(3)学前科学实验总结的方法

学前科学实验总结通常有归纳法、综合法和类比法等几种方法。其中,综合法是把事物的各个部分或各种属性联系起来成为整体进行考察的思维方法;类比法是针对实验现象在特定的实验环境下呈现的,不是自然现象,不能直接说明事物之间的联系。这就需要将实验结论与自然界中的某一现象联系起来,通过对各种变量的比较而得出一般的科学结论。幼教工作者要结合实验现象和探究情况学会进行实验总结,并能够指导儿童得出实验探究结论。

（4）实验总结的语言特点

实验总结时语言要准确。未来幼教工作者在介绍实验仪器、阐述实验过程、分析实验现象和总结实验结论时，语言必须准确、不含糊。有些幼教工作者在进行演示实验时不注意语言的准确表达，这会对儿童正确认识仪器、了解科学知识带来不良的影响。例如，在"漂浮的针"和"漂浮的牙签"实验中，虽然针和牙签都是漂浮在水面上的，但是两者的科学原理是不一样的，在讲解时不应该用泛泛的浮力或张力来进行解释或说明，要注意语言的准确性。当然，科学必须追求精确，但对学前儿童来说，精确就是让儿童初步树立科学的思想，构建科学的思维方法，参与和体验探求科学活动的过程，而非专业术语的精确表达。尽管一些实验现象要通过严谨的科学术语才能表达，然而这种表述方法是建立在实验者具有一定的科学知识和能力的基础上的。为此，作为一名未来的幼教工作者，怎样采用儿童能够理解的语言来阐释科学实验探究中的原理就显得十分必要。下面举例说明，见"不湿的手绢"。

不湿的手绢

实验中玻璃杯里除了手绢外，还充满了空气。当把杯子垂直于水面放入水中时，水和玻璃杯的接触面就阻止了空气外流，杯子内部就形成了一个封闭的空间。由于空间内有空气存在，水不能进入杯子中，所以手绢就不会被水浸湿。但当把杯子倾斜放入水中时，空气外流，水就可以进入杯子中，进而浸湿手绢。这个实验进一步验证了空气是一种看不见的无色无味的物质，是存在于我们身边的。

任务2　运用信息技术教学

1.任务描述

（1）参与教师组织的科学实验示范课或观看视频，以小组为单位讨论：科学实验教学中常用哪些教学手段？信息化教学手段有何作用？并完成表3-2-2-1所示工作表单。

（2）根据科学实验示范课或视频，借助信息化教学手段设计教学，并完成表3-2-2-2所示工作表单。

（3）在学生和教师点评的基础上修改课件，并完成表3-2-2-3所示工作表单。

二氧化碳熄灭蜡烛

2.工作表单

表 3-2-2-1　信息化教学手段的作用

序号	主要作用
1	
2	
3	

表 3-2-2-2　信息化教学手段设计

实验名称	设计内容

表 3-2-2-3　学生与教师点评记录

项目	点评要点
学生	
教师	

3.反思评价

（1）结合本次任务，请写下你的反思。

我的反思：_____
_____
_____

（2）结合本次任务，你认为运用信息化教学手段有何意义？

我认为：_____
_____
_____

（3）对自己完成的工作表单（见表3-2-2-1和表3-2-2-2）分别进行评价，评价表见表3-2-2-4。

表 3-2-2-4　评价表

工作表单	完成度	自评打分	小组评分
表 3-2-2-1	☆☆☆☆☆	☆☆☆☆☆	☆☆☆☆☆
表 3-2-2-2	☆☆☆☆☆	☆☆☆☆☆	☆☆☆☆☆

4.学习支持

（1）教学手段

教学手段是师生在教学过程中相互传递信息的工具、媒体或设备。随着科学技术的发展，教学手段经历了口头语言、文字、印刷教材、电子视听设备和多媒体网络技术五个阶段。现代化教学手段是与传统教学手段相对而言的。传统教学手段主要借助于一本教科书、一支粉笔、一块黑板、几幅挂图等。现代化教学手段是指借助于各种电化教育器材和教材，即把幻灯机、投影仪、录音机、录像机、电视机、DVD机、计算机等搬入课堂，并作为直观教具应用于各学科教学。因利用声、光、电等现代化科学技术辅助教学，又称电化教学。

（2）信息化技术在教学中的作用

信息化技术在科学实验教学中具有重要的作用。一是信息化技术有助于提高儿童的探究能力。信息化技术为儿童的教育发展提供了崭新的思路和平台。例如，运用PowerPoint、Flash、Photoshop等软件可以自制课件，让传统的课堂教育收到令人意想不到的效果。而一些仿真软件的有效运用，则可以进一步将科学实验转化为儿童可以模拟控制的实验。仿真软件提供了近乎真实的实验情境，产生了近乎真实的实验效果。因此，它不仅能激发儿童的学习兴趣和热情，更能促进儿童对科学知识的理解，提高儿童的自主探究能力。二是信息化技术产品有助于提高儿童的学习兴趣。随着科学技术的不断发展，人们真正地享受到了科技带来的方便。如何让儿童感受到信息化技术产品对我们生活产生的巨大影响呢？这就需要利用儿童生活中熟悉的信息化技术产品，结合游戏活动进行科技启蒙教育，使儿童乐在其中。例如，组织儿童走进科学探究实验室，通过亲身体验，使其感受到现代信息化技术产品给生活带来的变革，这不仅培养了儿童相应的操作技能，而且激发了儿童学科学、用科学的愿望。

（3）信息化教学注意事项

虽然信息化技术在科学实验教学方面取得了重要成果，但在学前科学实验教学过程中，它还不能完全代替儿童的动手实验。因为在动手实验过程中儿童不仅能学到知识，还能体验到与他人合作的快乐，体验到成功与失败的情感。因此，幼教工作者要正确处理仿真模拟实验、课件教学与课堂实验演示之间的关系，应将仿真模拟与亲手实验结合起来，从而提高实验教学的质量。

第一，要控制好时间。虽然近年来的研究报告从各个侧面都证明了让儿童运用计算机是有益的，而且儿童学习信息化技术也是必需的，但是不能完全效仿中小学，对于学前儿童，在使用时间上一般以 15~20 分钟为宜，不宜整个时间段都采用信息化教学方式。

第二，要精选好内容。在学前科学实验探究中，主要任务不是知识或技能的传授，更多的是通过实验教学，促使儿童自主地探索和发现知识。因此，应该选择有助于开展科学活动或有助于对实验理解的内容。

第三，要运用好技术。虽然教师通过信息化教学能较好地吸引儿童的注意力，绝大多数儿童也非常喜欢信息化教学并喜欢与教师互动，但是也有部分儿童有时只专注于课件，而不注意实验过程或细节。因此，在信息化教学的过程中，教师如果采用多媒体课件时太过于注重形式的多样化，而儿童本身又喜欢色彩鲜艳、形式多样的图案，就可能导致儿童的专注力发生偏移。

5. 经验介绍

（1）充分发挥教师的主导作用

实验教学活动过程是一个相对成熟的主体指导和帮助另一个不成熟的主体进行认识和实践的过程。在这个过程中，教师要发挥"主导"作用，即"师童皆主体，教师要主导，儿童要主动"。例如，对于提出的问题，刚开始难度不大，层层递进，由浅入深，重点是让儿童参与，营造一个轻松民主的交流氛围。在整个实验过程中，教师以一个主持人的身份，自由组合几种提问方式，随机性相当大，不是所有的问题都一笔带过，也不能每个问题都追根究底，更不能任由儿童自由发问、偏离重点，教师要掌握好一个度。教师的主导性主要体现在对实验的指导和对教学目标的说明，以及实现目标方法的提示。但是，有的教师在活动过程中对儿童"导"得过多、限制过死，急于求成，剥夺了儿童思考、探索的机会，从而扼制了儿童创造性的发挥。也有的教师认为实验是儿童的一种自由活动，因而不去有效地指导儿童，对儿童听之任之，这些都是不对的。儿童的好奇心强，探究事物的兴趣浓厚，但能力有限，所以教师不能忽视对他们的帮助，要切实发挥好主导作用，以满怀期待的心理对待每位儿童，延迟自己的判断，给予他们足够的时间、机会去探索、发现、创造，用宽容之心来对待孩子"与众不同"的言行，让他们在内部需要得到了满足和心情愉快的状态下学科学，才能满足、保护、发展儿童的好奇心，激发其探索科学的兴趣。

第一，充分了解儿童原有的经验。从实践的角度看，选择的实验教学内容应符合儿童的认知水平。也就是说，教师要尽可能把握儿童已有经验与新的教学活动内容之间的关系。因为经验对实现新教学活动目标是非常重要的。"教育者要从现有经验的范围内，选择那些有希望、有可能提出一些新问题的事物，这些新问题能激起新的观察和新的判断的方式，从而扩大未来经验的范围。"教师在对儿童原有经验有足够理解与深入把握的前提下组织、实施新的教学活动，不但能激活儿童原有的经验，而且能让儿童获得新的经验，从而提高其认知能力与认知水平。一般来说，小班的儿童没有太多经验，教师顺势引导；对于大班的儿童，教师应全面了解他们在小中班时的学习情况，便于有针对性地提升其认知能力。

第二，充分了解儿童的探究方式。教师应该进一步知晓儿童是怎么获取经验的，也就是探究方式。如果教师在不清楚和不了解儿童探究方式的前提下进行教学，无疑是将儿童当作等待填充的容器。教师对儿童的探究方式要有所了解，并在此基础上帮助儿童，从而促进他们的成长与发展。不仅如此，教师还应尊重儿童的探究方式，鼓励儿童运用自己的方式去探究并获取经验。同时，教师还需在具体实验教学中，留心观察每个儿童的探究方式，分析哪些方式更有助于儿童获得经验，结合儿童的个体差异鼓励他们尝试和采用不同的探究思路。有了对儿童经验获得方式的全面了解与深入把握，教师在组织新的教学活动过程中就能采取灵活多样的教学方式，突出儿童的主体地位，帮助儿童更好地获取经验、获得发展。

第三，不要控制儿童的具体操作。在实验教学组织的过程中，尤其是在实验操作的过程中，教师不要控制儿童的具体操作方法与步骤（危险性实验操作除外），要充分发挥儿童的主动性与独立性。儿童自己决定的过程就是一个独立思考的过程，有利于养成孩子独立思维、创造性解决问题的习惯；孩子在遇到困难时最容易产生创新意识，因此让儿童操作在先，教师操作在后，这就给予了儿童充分探索、创新的机会。

（2）实验教学讲解过程中如何不断激发儿童的探究欲望

在实验教学过程中要为儿童营造宽松和谐的氛围，因此教师要给予儿童足够的探索时间和空间，更要善于把握与创设氛围，并与实验猜想有机结合，不断激发儿童的探究欲望。例如，在科学实验教学中，教师要有目的、有意识地结合具体实验、联系日常生活、讲述趣味故事、利用现代技术等方式激发儿童的探究欲望。

第一，结合具体实验。在科学实验中常发生各种生动、新奇的现象，能激起儿童强烈的兴趣和求知欲，尤其是一些新颖、奇特的现象，更能刺激儿童的感官，促进儿童积极主动地去认知和探究。因此，在科学实验教学中，教师可以由实验产生的问题形成对新的未知领域的认知，使儿童处于特定的探究情境中，诱发儿童积极思考，促使儿童主动活泼地学习。也可利用儿童已有认知与新认知之间的矛盾和冲突，通过实验设计引起强烈心理反差的问题情境，激起儿童的探究欲望，使其主动进入思考状态，激活互动课堂。

第二，联系日常生活。一些科学实验与日常生活有着极为紧密的联系，教师在教学过程中，从实验在实际日常生活中的应用入手，努力为儿童创设一个贴近"一日生活"实际的"生活化"问题情境，让他们体验科学实验与"一日生活"的密切关系，认识学习科学知识的意义与作用，增强其学习科学的兴趣和动机，激发其探索科学奥秘的情感。

第三，讲述趣味故事。对于儿童而言，故事是非常具有吸引力的，在课堂中引入趣味故事，更能激发儿童的兴趣。特别是和儿童一道探究揭秘的过程对儿童更具有吸引力。而在这个过程中，教师选择的故事一定要与课堂实验教学内容相符，故事引入要恰当，用故事来启发学生的思维，引导他们积极思考，主动、积极地融入课堂学习的氛围中。例如，在"大气压强"实验中可以讲述马德堡半球实验的故事，在"自制潜水艇"实验中可以讲述阿基米德测定浮力的故事，也可以讲述曹冲称象的故事等。

第四，利用现代技术。现代多媒体技术将图片、声音、动画、视频影像等多种形式有机地融为一体，具有很强的真实感和表现力，可以很好地吸引儿童的注意力，使创设的问题情境更加丰富多彩，使教学更加形象化，能够拓宽儿童感受的时空领域。例如，在"磁铁找朋友"实验中，运用多媒体技术展示不同的磁铁形状及其应用，将极大地调动儿童的求知欲望。还可以通过仿真软件模拟实验现象以激发儿童的想象力，培养他们的创造性思维。

（3）师生交流技巧

第一，提供充分的语言交流机会。在科学实验操作过程中，教师应为儿童提供充分的语言表达与交流机会。儿童在实验操作过程中的语言交流是培养其创新思维的一种重要形式和途径。3~6岁的儿童还处于学习和掌握简单文字的阶段，所以说话就成为他们表达自己的思维活动与思维成果最基本、最重要的方式。同时，由于人的语言表述和思维是同步进行的，而且许多人在说话时又能激发自己的思维进入高速、高效运作的状态，因此不少具有创新性的想法就是在说话、交流的过程中萌发出来的。在科学实验过程中，教师应多采用语言交流与表达的形式对儿童进行创新思维的培养，要求儿童在用语言描述时要有观点、有想法、有感受。这也必然要求教师在提问时，给儿童留下较大的思维空间，答案应是多元的，尽量增加促使儿童进行创新思维的要求，从而达到培养儿童创新思维的目的。让儿童深入讨论、相互交流，从而获得正确认识。让儿童在集体讨论中，听取别人的意见，用事实说明问题，学会从不同的角度看问题。在这个环节中，教师的指导要具有艺术性，提问可以采用开放式提问、递进式提问和自由式提问等方式。

第二，注重口头与体态语言结合。语言和手势相结合有助于将信息传达得更加明确、更加到位，还有助于增加语言的形象性、强化语言的感情色彩、增强语言的表现力和感染力，从而使儿童感到亲切。例如，儿童对教师提出的问题感到不自信时，教师应走到他的面前，用手拍拍他的肩膀或用手抚摸他的头说："没关系，大胆地说，你很聪明。"这样的评价不仅能培养孩子自信的个性品质，更能激发他们自主探索、勇于创新的精神。在教学中要多用激励性语言，像"你真了不起，竟能想到如此独特的方法，很有创意，大家用掌声鼓励他"等。运用激励性语言也要把握一个度，可以根据儿童的差异、问题的难易程度等科学地进行激励。

第三，学会倾听。教师是儿童活动的支持者、合作者、引导者。当儿童实在解决不了问题时，教师要坚持和他们共同商讨，尊重儿童的想法，鼓励儿童通过自己的方法验证自己的想法。在科学实验教学过程中，教师应尊重儿童，充分发挥儿童的好奇心和想象力。教师应充分利用儿童的心理特点，给予儿童充分想象的空间，促进儿童创新思维的发展。反馈是儿童对实验的反馈，又是教师对儿童实验的反馈。依据儿童在实验过程中的记录及教师的观察，教师要分析儿童对实验的兴趣、操作的水平、存在的问题，并据此进一步改进实验。在反馈过程中，引导儿童对实验进行反思，把发现的问题或者解决的问题利用数字、图像进行记录，再用语言表达出来。

（4）善于处理突发事件

在科学实验教学过程中，教师要处理好偶然事件或突发事件。例如，儿童具有天生的好奇心，他们对周围世界充满着好奇，不仅喜欢触摸、摆弄、操作，还会提出种种问题，表现出他们渴望认识周围世界和学习科学的需要。但有时由于教师事先准备不充分，儿童提出的问题会让教师措手不及，导致有的教师为了"顾全面子"，在孩子面前不懂装懂或不予理睬。还有就是在科学实验教学过程中出现了教师预想不到的实验现象等突发事件。针对这些偶然事件或突发事件，教师不要慌张，要结合具体情况妥善处理。例如，教师可以重新厘清思路，认真研究实验程序是否准确、操作是否合乎要求，让儿童重新做一遍实验；也可以重新审视实验材料，从规格、品质等方面着手查找原因。对于教师来说，正确的做法是不要顾及面子对问题不理不睬或采用硬性的解释，而要针对发现的问题，做进一步地分析等。进行科学实验教学，就是要力求让儿童在试试、做做、玩玩中认识科学，获得科学知识。所以，教师不仅要重视科学实验，更要博览群书，丰富自己的知识储备，经常观察儿童在日常生活中、在不同场合下产生的偶发性科学活动，并及时给予支持、鼓励和指导，保护儿童进行科学探索的积极性。

单元三　拓展和延伸技能

任务1　运用联想拓展和延伸

1. 任务描述

（1）参与教师组织的科学实验示范课或观看视频，以小组为单位讨论如何采用联想拓展和延伸的方法创新实验，并完成表3-3-1-1所示工作表单。

（2）结合教师指定的实验，请用联想拓展和延伸的方法创新实验，并完成表3-3-1-2所示工作表单。

（3）在学生和教师点评的基础上完善创新实验，并完成表3-3-1-3所示工作表单。

白纸藏字

2. 工作表单

表 3-3-1-1　利用联想拓展和延伸的方法创新实验

序号	具体方法
1	
2	
3	

表 3-3-1-2 _____ 实验联想拓展和延伸

项目	主要内容

表 3-3-1-3 学生与教师点评记录

项目	点评要点
学生	
教师	

3. 反思评价

（1）结合本次任务，请写下你的反思。

我的反思：_____
_____
_____

（2）对自己完成的工作表单（见表3-3-1-1和表3-3-1-2）分别进行评价，评价表见表3-3-1-4。

表 3-3-1-4 评价表

工作表单	完成度	自评打分	小组评分
表 3-3-1-1	☆☆☆☆☆	☆☆☆☆☆	☆☆☆☆☆
表 3-3-1-2	☆☆☆☆☆	☆☆☆☆☆	☆☆☆☆☆

4. 学习支持

科学实验中的联想就是最常用的技法之一，以一种事物想到另一种事物的心理过程为主要特征。事物之间的联系是多种多样的，因此联想也有多种形式，以科学实验为例，其主要包括外形联想、材料联想、原理联想和结构联想等形式。

（1）外形联想

外形联想就是根据实验材料的形状进行联想设计。例如，在"自制电话机"实验中，是用纸杯代替话筒的。在科学实验教学中，可以让儿童观察纸杯的形状，引导他们根据纸杯的形状联想到易拉罐、矿泉水瓶等。

（2）材料联想

材料联想就是在科学实验教学中对所用的材料性质（组成）进行联想设计。例如，在"用洋葱写情报"实验中，教师可以引导儿童通过洋葱联想到其他蔬菜或水果等。

（3）原理联想

原理联想就是根据科学实验的原理进行联想设计，这里所说的实验原理就是常说的科学知识。科学知识是指科学课中的科学事实、科学概念、科学规律等知识，它是科学实验的依据，可以根据科学实验原理联想到一系列的实验模型。例如，针漂浮在水面上，曲别针、硬币是否也可以漂浮在水面上呢？又如，在"白纸藏字"实验中，我们能不能设计成"白纸藏画"呢？

（4）结构联想

实验结构是指实验模型中各材料之间的关系，在对比实验中，有反映自变量或反映应变量的材料或条件，根据自变量、应变量对应的材料或条件可以联想到其他实验模型。比如，在旋转纸杯灯中，孔的形状可以采用圆形，是否也可以采用方形、三角形等形状呢？在应用联想创新技法时，要让儿童学会材料的分类，这是对科学知识的进一步总结与延伸，也是促使儿童提升对知识的运用程度的体现。联想创新技法对培养儿童发散思维具有重要的促进作用。

任务2　运用替代拓展和延伸

1.任务描述

（1）参与教师组织的科学实验示范课或观看视频，以小组为单位讨论如何采用替代拓展和延伸的方法创新实验，并完成表3-3-2-1所示工作表单。

（2）结合教师指定的实验，请用替代拓展和延伸的方法创新实验，并完成表3-3-2-2所示工作表单。

（3）在学生和教师点评的基础上完善创新实验，并完成表3-3-2-3所示工作表单。

漂浮的硬币

2.工作表单

表 3-3-2-1　利用替代拓展和延伸的方法创新实验

序号	具体方法
1	
2	
3	

表 3-3-2-2　_____实验替代拓展和延伸

项目	主要内容
1	
2	
3	

模块三 科学实验教学技能　77

表 3-3-2-3　学生与教师点评记录表

项目	点评要点
学生	
教师	

3.反思评价

（1）结合本次任务，请写下你的反思。

我的反思：_____
_____
_____

（2）对自己完成的工作表单（见表3-3-2-1和表3-3-2-2）分别进行评价，评价表见表3-3-2-4。

表 3-3-2-4　评价表

工作表单	完成度	自评打分	小组评分
表 3-3-2-1	☆☆☆☆☆	☆☆☆☆☆	☆☆☆☆☆
表 3-3-2-2	☆☆☆☆☆	☆☆☆☆☆	☆☆☆☆☆

4.学习支持

替代实验创新就是结合科学实验的特点，通过材料的替代、方法的替代等能达到相同的现象而建立起来的一种方法，即用一种材料代替另一种材料、用一种方法代替实验过程中的另一种方法等。例如，在"自制电话机"实验中，棉线可否用金属丝替代

敲黑板，重点到了！

呢？在"漂浮的针"实验中，水能不能用可乐、雪碧、盐水等替代，液体洗洁精能否用可乐、雪碧、盐水、酱油、醋、色拉油等替代呢？在替代法的基础上，我们可以适当增加或减少实验材料等拓展描述实验过程，进而激发学生的想象力。

（1）加一加

加一加是指在实验模型上添加一些材料，把它们加高或加宽。例如，"西红柿电池"是儿童非常感兴趣的实验。如果1个西红柿电池不能让小灯泡发光，那么2个、3个西红柿电池会不会使小灯泡发光呢？在"旋转纸杯灯"实验中，纸杯中有2个口，能否加至3个口、4个口呢？

（2）减一减

减一减是指在实验模型上减少一些材料，把它们的体积或质量减小。例如，在"声音熄灭蜡烛"实验中，我们如果将空薯片筒缩短一半，是否还可以熄灭蜡烛呢？

同样，我们如果进行扩一扩、缩一缩拓展实验是否也能起到较好的实验效果呢？因此，替代法在科学实验模型创新中具有重要的作用。

任务3　运用逆向拓展和延伸

1.任务描述

（1）参与教师组织的科学实验示范课或观看视频，以小组为单位讨论如何采用逆向拓展和延伸的方法创新实验，并完成表3-3-3-1所示工作表单。

（2）结合教师指定的实验，请用逆向拓展和延伸的方法创新实验，并完成表3-3-3-2所示工作表单。

（3）在学生和教师点评的基础上完善创新实验，并完成表3-3-3-3工作表单。

硬币和纸片同时落地

2.工作表单

表3-3-3-1　逆向拓展和延伸的方法创新实验

序号	具体方法
1	
2	
3	

表3-3-3-2　_____实验逆向拓展和延伸

项目	主要内容
1	
2	
3	

表 3-3-3-3　学生与教师点评记录

项目	点评要点
学生	
教师	

3. 反思评价

（1）结合本次任务，请写下你的反思。

我的反思：_____
_____
_____

（2）对自己完成的工作表单（见表3-3-3-1和表3-3-3-2）分别进行评价，评价表见表3-3-3-4。

表 3-3-3-4　评价表

工作表单	完成度	自评打分	小组评分
表3-3-3-1	☆☆☆☆☆	☆☆☆☆☆	☆☆☆☆☆
表3-3-3-2	☆☆☆☆☆	☆☆☆☆☆	☆☆☆☆☆

4. 学习支持

逆向实验创新是指换一个角度或者倒过来思考问题。在实验创新过程中，不妨改变思路的顺序，将事物的正反、上下、左右、前后、里外等颠倒一下，将因果倒置一下进行思考。该方法非常有利于儿童发明创造，在学前儿童培养中具有重要的作用。

敲黑板，重点到了！

其中，形态反向和结构易位两种方法比较常用。

（1）形态反向

形态反向就是变换事物的方圆、大小、长短、平面立体等外表形状。例如，在"吹不灭的蜡烛"实验中，是否可以将圆嘴漏斗改为方嘴漏斗？又如，在"隔空吹蜡烛"实验中，是否可以将瓶子换成三棱柱体？

（2）结构易位

结构易位就是把原有事物的构成要素的上下、内外、左右、先后、主客等位置进行变换。例如，在"小船和船桨"实验中，将桨片旋转方向反过来后小船还能继续前行吗？

任务4　运用找缺拓展和延伸

1. 任务描述

（1）参与教师组织的科学实验示范课或观看视频，以小组为单位讨论如何采用找缺拓展和延伸的方法创新实验，并完成表3-3-4-1所示工作表单。

（2）结合教师指定的实验，请用找缺拓展和延伸的方法创新实验，并完成表3-3-4-2所示工作表单。

（3）在学生和教师点评的基础上完善创新实验，并完成表3-3-4-3所示工作表单。

瓶中的气球

2. 工作表单

表 3-3-4-1　找缺拓展和延伸的方法创新实验

序号	具体方法
1	
2	
3	

表 3-3-4-2　_____实验找缺拓展和延伸

项目	主要内容

表 3-3-4-3　学生与教师点评记录

项目	点评要点
学生	
教师	

3.反思评价

（1）结合本次任务，请写下你的反思。

我的反思：_____
_____
_____

（2）对自己完成的工作表单（见表3-3-4-1和表3-3-4-2）分别进行评价，评价表见表3-3-4-4。

表 3-3-4-4　评价表

工作表单	完成度	自评打分	小组评分
表 3-3-4-1	☆☆☆☆☆	☆☆☆☆☆	☆☆☆☆☆
表 3-3-4-2	☆☆☆☆☆	☆☆☆☆☆	☆☆☆☆☆

4.学习支持

任何事物都不可能十全十美，都或多或少地存在着这样或那样的缺点，即所谓"金无足赤，人无完人"。找缺法实验创新就是围绕现有的实验模型列出它的缺点，再针对缺点，提出改进设想。找缺是一种有效、简便的构建实验模型的方法。使用该方法时，程序并不复杂，教师可引导儿童针对实验本身采用发散性思维尽量列举出它的缺点，归类整理后筛选出主要缺点，针对主要缺点加以分析，提出可行性的改进方案。

例如，在"瓶中气球"实验中，采用吸管后虽然可以将气球吹起来，但是操作十分不便。而从塑料瓶底部或中间部位扎一个小孔，操作就方便了很多。

检测模块

1. 在科学实验教学时，教师如何选择实验材料？

2. 在科学实验教学时，教师如何做到演示与讲解同步进行？教师演示时应注意哪些事项？

3. 针对儿童理解能力有限的具体情况，教师如何运用语言技巧解释各种实验现象和实验结论？

4. 针对儿童的实际情况，教师如何指导儿童记录和分析实验现象？

5. 教师如何通过实验创新技法延伸和拓展实验来进一步启发儿童的思维？

模块四　科学实验教学评价

背景介绍

《幼儿园教师专业标准（试行）》对激励与评价能力的基本要求：关注幼儿日常表现，及时发现和赏识每个幼儿的点滴进步，注重激发和保护幼儿的积极性、自信心；有效运用观察、谈话、家园联系、作品分析等方法，客观地、全面地了解和评价幼儿；有效运用评价结果指导下一步教育活动的开展。

模块内容

本模块主要介绍科学实验教学的评价，包括评价实验内容和评价教学过程两个单元。评价实验内容单元包括精选科学实验内容和评价科学实验内容两个任务。评价教学过程单元包括评价教学设计方案和评价实验教学实施两个任务。评价教学过程的一个重要内容就是对儿童的发展进行评价，教学效果通常由儿童的具体表现来体现。

模块目标

科学实验教学评价模块意在使学生掌握如何评价实验教学，同时通过实验教学评价进一步提升实验教学设计和教学水平。

单元一　评价实验内容

任务1　精选科学实验内容

1. 任务描述

（1）结合所学知识，以小组为单位讨论如何选择学前科学实验的内容，并完成表4-1-1-1所示工作表单。

（2）结合所学知识，以小组为单位讨论开发学前科学实验的途径，并完成表4-1-1-2所示工作表单。

（3）完成上述工作表单后，以小组为单位选派代表依次发言。

2. 工作表单

表4-1-1-1　选择学前科学实验的内容

序号	主要内容
1	
2	
3	

表4-1-1-2　开发学前科学实验的途径

序号	具体途径
1	
2	
3	

3.反思评价

（1）结合本次任务，请写下你的反思。

我的反思：_____
_____
_____

（2）结合本次任务，请你尝试着开发一个科学实验。

我开发的实验：_____
_____
_____

4.学习支持

（1）评价科学实验的意义

评价科学实验是以科学实验为研究对象，根据一定的标准，采用科学的评价技术、方式、方法，对科学实验的目标、内容、过程及教师、儿童等进行测定并加以分析，最终做出评价的过程。评价科学实验有助于对实验做出科学诊断，发现其存在的问题，并进行有效分析与改进；同时，有助于更好地对儿童进行因材施教、更好地提升教师的教学水平。

（2）开发学前科学实验的途径

开发学前科学实验的途径主要有以下几种：

第一，从日常生活中开发。在生活中有无数有趣的自然物体与科学现象，蕴含着丰富的科学常识和科学概念，这些都可以作为儿童科学启蒙教育的材料。例如，3~4岁儿童更容易关注、探究自己日常生活中喜欢、熟悉、可反复操作的事物。对应的实验设计，应关注实验现象或结果呈现为"是或不是""有或没有""能或不能"等的单维度判断式探究活动。4~5岁儿童喜欢探究生活中时有接触但又不太熟悉的事物。对应的实验设计，教师应关注特征明显、多元、有变化且好玩的事物与现象，如食盐的溶解、镜子的反射实验等。5~6岁儿童更加关注事物的变化、奇特的现象，以及事物的细节特点与功用等，这些内容或问题具有一定挑战性。对应的实验设计，教师应关注事物的变化规律、原因及原理。

第二，依据教材和科普读物开发。《幼儿园教育指导纲要（试行）》提出了幼儿科学教育的总目标："对周围事物、现象感兴趣，有好奇心和求知欲；能运用各种感官，动手动脑，探究问题；能用适当的方式表达、交流探索的过程和结果；能从生活和游戏中感受事物的数量关系并体验数学的重要和有趣；爱护动植物，关心周围环境，亲近大自然，珍惜自然资源，有初步的环保意识。"所以，可以参照国内外幼儿园科学教材、小学科学教材等进行开发设计。例如，结合"生活中的静电现象"可以开发设计出"带电的报纸""带电的气球"等适合儿童的实验；结合"大气压力"实验设计出"有孔纸片托水""瓶内吹气球"等引发儿童惊奇的实验。另外，每年出版的大量儿童科普读物也会给教学带来前所未有的教学资源。例如，结合《让孩子痴迷的趣味科学实验》《365个趣味实验》《有趣的幼儿科学小实验》等科普读物可以开发出"西红柿电池""旋转的奥秘"等实验。

第三，依据网络资源开发。纷繁多彩的网络资源可以给儿童科学实验设计提供更多的素材参考。例如，中国婴幼儿教育网、中国学前网、61幼儿网、肉丁儿童网等网络上的资源，都会给学前科学实验设计带来启迪。

任务2　评价科学实验内容

1. 任务描述

（1）以小组为单位讨论科学设计学前科学实验的理念，并完成表4-1-2-1所示工作表单。

（2）以小组为单位讨论科学设计学前科学实验的原则，并完成表4-1-2-2所示工作表单。

（3）观看视频，以小组为单位讨论实验材料如何提升教学效果，并完成表4-1-2-3所示工作表单。

瓶口吞蛋

（4）完成上述工作表单后，以小组为单位选派代表依次发言。

2. 工作表单

表 4-1-2-1　科学设计学前科学实验的理念

序号	理念
1	
2	
3	

表 4-1-2-2　科学设计学前科学实验的原则

序号	原则
1	
2	
3	

表 4-1-2-3　实验材料如何提升教学效果

序号	主要内容
1	
2	
3	

3.反思评价

（1）结合本次任务，请写下你的反思。

我的反思：_____
_____
_____

（2）结合本次任务，你认为实验本身在实验教学中占有何种地位？

我认为：_____
_____
_____

4.学习支持

（1）学前科学实验设计的理念

实验设计是实施实验教学的基础。学前科学实验设计是教师根据实验目标和实验内容，采用何种方式和方法指导儿童观察实验现象、了解实验结论的一种方案。科学实验设计是教师者应具备的一项基本能力。优秀的实验设计方案有助于培养儿童的实验能力和创新思维。结合儿童的特点，学前科学实验设计应该遵循以下三个理念：

第一，体现科学理念。《幼儿园教育指导纲要（试行）》强调"以科学探究为核心"，而科学实验的主要环节就是探究过程。因此，学前科学实验在设计上要体现科学属性，将科学知识融入实验过程中，通过不断地探究，把知识渗透在儿童的记忆里。

第二，体现简单理念。学前儿童的年龄特点制约了他们的观察能力、理解能力和思维能力。学前科学实验应直观、简单明了，体现在两个方面：一是在科学知识方面，渗透在实验中的科学知识应便于儿童在有限的生活中有所经历；二是在实验本身方面，要做到取材方便、操作简单、实验现象明显。

第三，体现创新理念。学前科学实验以科学探究为核心，因此在实验设计过程中，不仅要包含对旧知识的运用与巩固，还要展现对旧知识的更新和新知识的探索。在实验设计过程中，要注重在实验内容、实验操作等方面培养儿童的创新能力和运用知识解决实际问题的能力，激发儿童对科学的好奇心和求知欲。

（2）学前科学实验设计的原则

学前科学实验设计在体现科学理念、简单理念和创新理念的前提下，应遵循以下五个原则：

一是生活性原则。生活性原则是指设计的实验应立足儿童已有的生活经验和体验，让儿童认识实验中所蕴含的科学知识。在进行学前科学实验设计时，实验材料应该尽量选用儿童在生活中常见的材料，尽量结合生活中的现象对科学知识进行解释，应尽量结合儿童生活中已有的体验进行实验探究。遵循生活性原则不仅能使儿童真正感受和体验科学探究和学习知识的意义，还会使儿童发现和感受日常生活的神奇，领悟科学知识就在自己身边。

二是趣味性原则。趣味性原则是指设计的实验要符合儿童的认知特点，能够提高儿童探究的主动性。在进行学前科学实验设计时，应围绕儿童天性好动、好奇心强、喜欢探究的特点进行设计，将科学知识融入趣味科学实验中，让儿童在动手和动脑过程中体会科学的奥妙和魅力。趣味性原则不仅体现了《幼儿园教育指导纲要（试行）》关于"幼儿的科学教育是科学启蒙教育，重在激发幼儿的认识兴趣和探究欲望"的思想，而且有助于激发儿童对科学实验的兴趣，是开展科学教育活动的前提。

三是科学性原则。科学性原则是指设计实验原理、实验方法、实验装置、实验操作等必须与科学知识和科学实验方法相一致。在进行学前科学实验设计时，应以事实为依据，体现内容的科学性。事实分为客观事实和科学（经验）事实两种。客观事实是事物的自然存在及其相互作用、相互联系、发展变化的本真状态。科学事实是用技术手段反映出的客观事实的语言或符号描述。从客观事实到科学事实是科学认识活动的第一个阶段。这个阶段所采用的方法是技术方法，即观察与实验方法。科学认识活动的第二个阶段是从科学事实到科学认识。科学认识是根据科学事实所做出的逻辑判断与解释。这个阶段采用的是逻辑方法。科学认识活动的第三个阶段是从科学认识到科学理论。科学理论是在科学认识的基础上经过逻辑建构形成具有一般性的结构化、系统化的知识体系。科学理论的应用，既可以是实现其解释与预测功能，也可以是经过技术手段形成具有确定功能的产品。

四是简便性原则。简便性原则是指设计的实验简单便捷。在进行学前科学实验设计时，应考虑实验材料容易获得、实验装置比较简化、实验用品比较便宜、实验步骤比较少和实验时间比较短等问题。简便性原则不仅使科学实验步骤简洁、明了，实验过程耗时较短，实验较易完成，而且具有在实验中探究过程简单、适合教学等特点。

五是安全性原则。安全性原则是指设计实验时必须要考虑实验过程中的安全性，尽量避免使用有毒物品进行具有危险性的操作。例如，在进行学前科学设计实验时，不能将刺激性、腐蚀性、有毒、有味的材料带入实验中，不能选择反应剧烈的实验，即使加热也不要使用易碎的器皿（如玻璃烧杯、玻璃试管）等。安全性原则对于学前科学实验尤其重要，因为儿童身体还未发育完全，抵抗外界环境和有害物品损害的能力较差。

（3）学前科学实验设计的方法

儿童的科学学习是在探究具体事物和解决实际问题过程中，尝试发现事物间的异同和联系的过程。儿童在对自然事物进行探究和运用相关知识解决实际生活问题的过程中，不仅能获得丰富的感性经验、充分发展形象思维，而且可以初步尝试归类、排序、判断、推理，并逐步发展和具备一定的逻辑思维能力，为深入学习其他领域的知识奠定基础。儿童科学学习的核心是激发其探究兴趣，体验探究过程，发展初步的探究能力。所以，学前教育专业学生将来要善于发现和保护儿童的好奇心，充分利用自然和实际生活机会，引导儿童通过观察、比较、操作、实验等方法，发现问题、分析问题和解决问题；帮助儿童不断积累经验，养成良好的学习和探究习惯，进而形成受益终身的学习态度和能力。儿童的思维特点是以具体形象思维为主，应注重引导儿童通过直接感知、亲身体验和实际操作进行科学学习，不应以追求掌握知识和技能为目标，对儿童进行灌输和强化训练。因此，学前科学实验的内容都比较简单，常见的设计方法主要有经验法、分析法和综合法等。

一是经验法。经验法是教师根据学前科学实验内容比较简单，通过引导儿童对已有知识、经验的回忆或对问题的猜想，提供实验设计的思路来进行实验设计。例如，设计"带电的气球"实验时，可以设计带领儿童共同回忆"带电的报纸"等实验的环节。经验法是学前科学实验设计中最为常用的一种方法，也能够激发儿童的科学探究思维。

二是分析法。分析法是从实验目的出发进行分析设计的一种方法。教师在清楚实验目的的基础上，通过设计不同的途径（或实验操作步骤）来实现实验目的。例如，在认识空气存在大气压时，可根据空气受冷体积减小气压降低的原理，也可根据可燃物燃烧导致空气中氧气减少进而导致气压降低的原理，设计"手掌吊瓶子""瓶口吞蛋"等科学实验。在设计方案时，教师要引导儿童联系身边的材料。分析法分为求同分析法和求异分析法两种：①求同分析法是指在不同环境中，由于有一个因素存在，都会出现相同的现象，即这个因素与这个现象存在因果关系。考虑到儿童认识的特点，就是寻找一类事物的共同或关键特征来求同，以此思维方法为指导，进行实验设计。例如，在"自制电话机"实验中，教师需要指导儿童从生活经验出发，将声源、途径等联系起来。连线可以是毛线、铁丝，听筒可以是纸杯、易拉罐等。②求异分析法是指当一个因素存在时，有一个现象出现；当这个因素不存在时，这个现象也消失了。也就是说，一个因素的有无会明显导致另一个因素的对比性变化。在实验设计时，重点是提供不同情境下具有明显差异性的观察实例，其他与求同分析法相同。例如，对于"瓶子吹气球"实验设计，由于空气充满着人类生存的空间，有时并未感觉到其存在，可以通过有空气与无空气进行对比感知。首先，向瓶子中的气球吹气，气球很难被吹起来；但是用吸管排出瓶子中的气体后，很容易将瓶内的气球吹起来。

　　三是综合法。综合法与分析法相反，是根据实验目的运用已有的知识和经验建立一个实验模型，再分析实验模型中的变量，设计具体的方法和过程。综合法主要分为归纳法和演绎法两种。由归纳法获得的一般性科学原理表明了事物间或事物发生、发展的因果关系。因此，证实因果关系的观察实验设计，多以一般性科学原理为大前提，提供与一般性科学原理相联系的观察实验实例，设计观察实验流程，得到反映因果关系的科学事实。观察实验呈现的科学事实与一般性科学原理判断的一致性使一般性科学原理得到一次证实。从观察实验的性质来看，归纳法是从客观事实到科学事实的技术反映；从认识性质上来看，归纳法是由若干观察实验例子得到相应的科学事实，这些事实是思维归纳得到预设结论的基础；从操作程序上来看，归纳法是观察实验在前，一般性结论在后，且观察实验的例子要多。例如，"瓶子赛跑"观察实验就可以采用归纳法进行设计。演绎法是对一般性科学原理的应用，每次演绎的成功，都会增强由归纳得出的一般性科学原理的可信度，是对这种因果关系的证实。从观察实验的性质来看，演绎法与归纳法一样，都是从客观事实到科学事实的技术反映，没有区别；从认识性质来看，演绎法是从一般性原理出发，由观察实验得到个别的具体事实来证实一般性原理；从操作程序来看，演绎法是一般性结论在前，观察实验在后，且观察实验的例子没有数量要求。学前儿童的科学学习往往是通过观察实验去证实或实现预测的。

单元二　评价教学过程

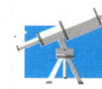

任务1　评价教学设计方案

1. 任务描述

（1）以小组为单位讨论如何评价一份实验教学设计方案，并完成表4-2-1-1所示工作表单。

（2）评价教师指定的一份实验教学教案，并完成表4-2-1-2所示工作表单。

（3）在学生和教师点评的基础上完善自己的评价，并完成表4-2-1-3所示工作表单。

（4）完成上述工作表单后，以小组为单位选派代表依次发言。

2. 工作表单

表 4-2-1-1　如何评价一份实验教学设计方案

项目	主要内容
教学目标	
实验内容	
实验材料	
教学策略	
其他方面	

表 4-2-1-2 对____实验教学教案的评价

项目	主要内容
教学目标	
实验内容	
实验材料	
教学策略	
其他方面	

表 4-2-1-3 学生与教师点评记录

项目	点评要点
学生	
教师	

3.反思评价

（1）结合本次任务，请写下你的反思。

我的反思：_____
_____
_____

（2）对自己完成的工作表单（见表4-2-1-1和表4-1-1-2）分别进行评价，评价表见表4-2-1-4。

表 4-2-1-4 评价表

工作表单	完成度	自评打分	小组评分
表 4-2-1-1	☆☆☆☆☆	☆☆☆☆☆	☆☆☆☆☆
表 4-2-1-2	☆☆☆☆☆	☆☆☆☆☆	☆☆☆☆☆

4.学习支持

　　课堂教学设计是运用教学设计与系统论的基本原理与方法，根据教学目标和教学对象的特点，仔细安排和组织各种学习资源（教师、教学内容、教学媒体、教学方法、教学环境等），使之序列化，为优化课堂教学效果而制定实施方案的系统的计划过程。对教学设计进行科学评价有助于有效推进课堂教学设计的落实，有助于提高教师的课堂教学设计水平和教学质量，有助于总结和促进教学改革。实验教学设计方案的评价内容主要包括以下几个方面：教学设计是否体现科学探究的特点，是否有利于儿童对科学探究的理解及其科学探究能力的提高；教学目标是否科学、合理，是否与科学探究内容相吻合；教学设计是否流畅，是否具备整体性和系统性，是否具备可行性和可操作性；教学模式、教学方法、教学手段等的选择是否合理等。结合上述几个方面，优秀的教学设计方案应体现出科学化、最优化和艺术化。

　　（1）教学设计科学化

　　课堂教学设计科学化是指按照教学规律进行课堂教学设计，具有三个基本特征，即整体性、有序性和建构性。整体性是指课堂教学的各个要素与环节是相互关联、相互作用、缺一不可的。这不仅要求课堂教学各个要素内部的整合，如教学目标要全面兼顾儿童整体素质的发展，实验教学内容要注重儿童多方面的知识和技能的提高，教学方法必须从儿童、实验内容、教学目标和教师自身条件出发，形成一个最有利于实现预期教学目标的、优化的教学方法整合方案，教学评价采用教师评价与他评相结合、综合素质评价与考试成绩相结合的综合模式；而且要实现教学设计系统中各组成要素之间的整合。这就要求教师为课堂教学设计一个合理的教学结构。有序性是指课堂教学中各系统要素进行有规则地联系和组合。它主要表现在以下两个方面：一是要求教材内容要有序化、结构化，即按照学科知识的内在逻辑顺序来组织和呈示教材内容，以提高知识的结构化水平；二是要求将教学过程模式化、程序化，即将构成课堂教学系统的诸要素从时间、空间等方面设计出比较稳定的、简化的组合方式及活动程序。建构性则是指教师在课堂教学中不应灌输知识，而应启发学生自主建构认知结构。

（2）教学设计最优化

在进行课堂教学设计最优化选择时，教师不仅要考虑短期效益，还要兼顾长远效益；不仅要注重设计的简单、方便、易行，还要注重其发展价值。课堂教学设计的最优化应考虑课堂教学中的各个组成要素。例如，在教学任务上，设计的最优化就是要做到明确教学和发展的目标、了解学前儿童的准备状态，把教学任务具体化；在教学内容上，就是要做到分析教材中主要的和本质的东西，确保学前儿童能掌握这些教学内容；在教学方法上，就是要选择既能使学前儿童有效掌握所学的内容、完成教学任务又能节省时间的方法；在评价教学效果上，就是要做到对教学结果做科学的测评、分析和解释。但是，要素的优化并不等于系统的优化，系统的整体功能不是各个要素功能的简单叠加，而是通过各要素的协调、整合，重新产生一种新的功能。所以，课堂教学设计必须从整体效益出发，恰当考虑各要素在整个课堂结构中的地位和作用，优化各要素间的组合方式，从而使课堂教学设计最优化。

（3）教学设计艺术化

教学设计艺术化是指在教学过程中，教学方法、技能、技巧等得到艺术化的运用。通过这种"艺术化"的影响，教师能使学前儿童处于想学、要学的最佳状态，能够激发他们积极探求和求知的感情，产生教有所受、点有所通、启有所发、导有所悟的最佳教学效果。如果学前儿童能够长期在这种艺术化的教学环境中进行熏陶，他们不仅能够学到许多科学知识，还能学习和提升，如艺术修养、审美观念、创新意识、应变能力、奉献精神、协作精神等。教学设计的外在美主要是指课堂教学表达的形式美，如教师抑扬顿挫的教学语言美，引人入胜的导入美，劳逸结合的教学节奏美，疏密相间的课堂结构美，启发诱导、虚实相生的教学方法美等。艺术化主要体现为课堂教学过程中各要素在动态的组合中具有高度的和谐性。和谐性是事物审美的一个基本特征，课堂教学的和谐性主要表现为课堂教学的有序性与波动性、多样性与统一性的协调。

任务2　评价实验教学实施

1. 任务描述

（1）以小组为单位讨论评价实验教学实施的过程，并完成表4-2-2-1所示工作表单。

（2）评价教师指定的实验教学过程视频，并完成表4-2-2-2所示工作表单。

（3）在学生和教师点评的基础上完善评价，并完成表4-2-2-3所示工作表单。

跳舞的颜料

（4）完成上述工作表单后，以小组为单位选派代表依次发言。

2. 工作表单

表 4-2-2-1　评价实验教学实施的过程

项目	主要内容
教学设计方案执行情况	
教学过程指导启发情况	
儿童学习效果	
其他	

表 4-2-2-2 ____实验教学过程评价

项目	主要内容

表 4-2-2-3 学生与教师点评记录

项目	主要内容
学生	
教师	

3.反思评价

（1）结合本次任务，请写下你的反思。

我的反思：_____
_____
_____

（2）结合本次任务，你认为一节优秀的实验教学课应符合怎样的标准？

我认为：_____
_____
_____

（3）对自己完成的工作表单（见表4-2-2-1和表4-2-2-2）分别进行评价，评价表见表4-2-2-4。

表 4-2-2-4　评价表

工作表单	完成度	自评打分	小组评分
表 4-2-2-1	☆☆☆☆☆	☆☆☆☆☆	☆☆☆☆☆
表 4-2-2-2	☆☆☆☆☆	☆☆☆☆☆	☆☆☆☆☆

4.经验介绍

科学评价儿童发展应注意的事项包括以下几个方面：

第一，注重过程评价。评价方式不仅要注重对儿童实验结果的评价，更要注重对探究过程的评价。在教学中，要关注儿童的创新精神和实践能力的发展。所以，更多的是要关注儿童在实验过程中是否主动参与、是否有浓厚的兴趣、是否主动探索。

第二，注重赏识教育。每位教师要根据儿童的年龄特点，设计不同的评价标准。教师的评价不能只盯着儿童对知识与技能的理解，更要关注儿童的情感与态度的形成和发展，用真诚的话语让他们感受到教师的关爱，发挥隐性教育的作用。在实验教学中，对儿童多使用充满激励和赏识性的评价语言，有助于开启儿童积极的学习兴趣，引发他们积极向上的动力，使他们建立起足够的自信心。

第三，做到因材施教。每个儿童的发育是不一样的，成长的环境也是不一样的，所以幼教工作者要充分做到尊重个性差异，做到因材施教，帮助儿童建立自信、认识自我，适当降低对儿童的期望值。每位教师对儿童的课堂表现都有很高的期望，但在实践中，教师的期望并不总能如愿以偿，因为科学实验教学受到多方面因素的影响。有的儿童接受快，有的儿童接受慢；有的儿童在学习时容易受到外界环境的影响，有的儿童不为环境所动而能专心致志。儿童的情绪状态也直接影响着学习的效果。所以，在教学组织过程中，教师要适当调整期望值，以平和的心态组织和实施实验教学。这样更有利于教师在教学过程中发现和捕捉更多的对儿童成长和对自己专业发展有价值的经验和信息。

第四，巧用体态评价。在重视语言性评价的同时，教师更应该重视非语言评价，如体态语言评价。一个微笑、一个手势、一个眼神等无声的评价都将牵动着儿童的心，它可以起到此时无声胜有声的效果。

模块检测

1. 为什么要进行实验教学评价？实验教学评价应该从哪些方面入手？
2. 如何评价实验内容？优秀的实验内容应遵循什么设计理念？
3. 如何评价实验教学教案？
4. 如何评价实验教学过程？

模块五　科学实验教学展望

背景介绍

STEAM教育理念强调的是跨学科、情境性、体验感、协作性和创造性，即在教学过程中创设恰当的问题情境，能够让学生切身地体验、感受知识的生成过程，并能在团队协作下学习、掌握新知识，然后尝试把新知识与现实生活紧密相连、有新发现并设计出新问题。STEAM教育理念关注知识的生成过程，关注知识的综合运用，关注学习主体的感受。目前，STEAM教育理念已经在学前教育中开始实践。因此，学前教育专业的学生应不断更新教学理念，尤其是在学前科学实验教学中，要用先进的教学理念教育、引导儿童。

模块内容

本模块包括STEAM教育理念和STEAM教学两个单元，其中STEAM教育理念单元安排了了解STEAM教育理念和科学实验探究中的STEAM教育理念两个任务，STEAM教学单元则安排了了解STEAM教学和基于STEAM教育理念的气压计教学两个任务。

模块目标

本单元意在使学前教育专业学生初步掌握STEAM教育理念下的学前科学实验教学过程，通过提倡多学科知识交融来促进学生创新思维的培养。在简要介绍STEM、STEAM等教育理念之后，提倡科学实验教育一定要不拘泥于科学实验，学前教育专业学生要拓展科学思维，加强探究性思维训练，不断引进其他学科技能和提高其他学科素养。在科学实验室，运用STEAM理念，在教学过程中跳出单纯关注本学科知识的传统教学理念，最大限度地引导学生参与设计问题，不断引发儿童更深入地思考。

单元一　STEAM教育理念

任务1　了解STEAM教育理念

1. 任务描述

（1）在查找资料的基础上，以小组为单位讨论STEM教育理念和STEAM教育理念的相同点和不同点，并完成表5-1-1-1所示工作表单。

（2）应用所学知识，以小组为单位讨论STEAM教育理念的特点，并完成表5-1-1-2所示工作表单。

（3）完成上述工作表单后，以小组为单位选派代表依次发言。

2. 工作表单

表 5-1-1-1　STEM 教育理念与 STEAM 教育理念的相同点和不同点

项目	主要内容
相同点	
不同点	

表 5-1-1-2　STEAM 教育理念的特点

序号	特点
1	
2	
3	

3.反思评价

（1）结合本次任务，请写下你的反思。

我的反思：_____
_____
_____

（2）结合本次任务，请写下你对STEAM教育理念的认识。

我对STEAM教育理念的认识：_____
_____
_____

（3）对自己完成的工作表单（见表5-1-1-1和表5-1-1-2）分别进行评价，评价表见表5-1-1-3。

表 5-1-1-3　评价表

工作表单	完成度	自评打分
表 5-1-1-1	☆☆☆☆☆	☆☆☆☆☆
表 5-1-1-2	☆☆☆☆☆	☆☆☆☆☆

4. 学习支持

（1）STEM的含义

1996年美国国家科学基金会提出STEM教育理念，即学授教育应是集科学（Science）、技术（Technology）、工程（Engineering）和数学（Mathematics）于一体的综合教育。教育不仅仅是四个学科的简单叠加，而且应体现学科之间具有的内在的、固有的联系。自STEM教育理念被提出以来，便得到政治、教育、经济等领域的广泛关注。在生活中，现实问题并不是以单一学科形式出现的，而是科学、工程、技术和数学问题的有机融合。科学是一个发现的过程，技术是发明的一个方面，科学通过技术来改变世界。科学是技术的基础，有了科学原理，我们才能发现做的方法。任何技术发明都是基于科学原理的。反过来，技术发明又能够促进科学的发展。工程是通过设计和制造来解决问题的过程。在生活当中，工程无所不在，因为任何一个产品的制造，都是从明确的需求出发，经过设计后再进行制造的。工程过程有科学、技术，当然也包括数学的参与，是一个综合的活动。工程整合了科学、技术和数学，因为一个工程设计活动，一定要运用到科学知识、数学知识及技术支持。

（2）STEAM的含义

美国弗吉尼亚大学科技与工程教育中心的Georgette Yakman教授，提出让Art进入STEM，成为STEAM。她认为：当我们遗漏了艺术，就不可能谈及创造。STEAM教育理念是从STEM教育理念演变而来的，即STEAM教育是集科学（Science）、技术（Technology）、工程（Engineering）、艺术（Art）和数学（Mathematics）于一体的综合性教育。根据Yakman的研究，STEAM中的A（艺术）是指美、语言、人文、形体艺术等。STEAM教育理念更符合信息化社会的教育方式。STEAM教育理念注重的教育元素更加多元化，要求的学科能力也更广泛。任何事情的成功都不能仅仅依靠某一种能力来实现，而是需要借于多种能力实现。比如，在高科技电子产品的制造过程中，不但需要科学技术，如运用高科技手段创新产品功能，还需要好看的外观，也就是艺术创作。所以单一技能的运用已经无法支撑未来人才的发展。未来，我们需要的是多方面发展的综合型人才。

任务2　了解科学实验探究中的STEAM教育理念

1.任务描述

（1）结合制作气压计实验，以小组为单位讨论如何设计儿童拓展和延伸实验方案，并完成表5-1-2-1所示工作表单。

（2）以小组为单位讨论如何体现STEAM教育理念，并完成表5-1-2-2所示工作表单。

（3）完成上述工作表单后，以小组为单位选派代表依次发言。

制作气压计实验

2.工作表单

表 5-1-2-1　在制作气压计实验过程中如何设计儿童拓展和延伸实验方案

序号	主要内容
1	
2	
3	

表 5-1-2-2　制作气压计实验中的 STEAM 教育理念

序号	主要内容
1	
2	
3	

3. 反思评价

（1）结合本次任务，请写下你的反思。

我的反思：_____

_____

_____

（2）结合本次任务，请写下你对学前科学实验与STEAM教育理念的认识。

我对学前科学实验与STEAM教育理念的认识：_____

_____

_____

（3）对自己完成的工作表单（见表5-1-2-1和表5-1-2-2）分别进行评价，评价表见表5-1-2-3。

表 5-1-2-3　评价表

工作表单	完成度	自评打分
表 5-1-2-1	☆☆☆☆☆	☆☆☆☆☆
表 5-1-2-2	☆☆☆☆☆	☆☆☆☆☆

4. 学习支持

（1）科学知识——气压计

气压计主要用来测量环境的气压值。因为天气的变化跟气压的高低是有关系的，晴朗天气的气压高，阴雨天气的气压就低，所以我们可以通过测量大气压值来预测天气。

科学原理：用气球把一部分空气密封在碗里，这部分空气的体积就会随着气压的变化而变化（前提是温度恒定）。当天气晴朗时，外界气压升高，碗里的空气会被压缩，体积变小，气球中心就会凹陷下去。因为筷子的一端粘在气球正中，所以就会随着气球向下移动。而筷子的中间部分搭在碗沿上，就像一个杠杆一样，筷子的另一端就会升起，指示气压变高了。反之，阴雨天气时，外界气压变低，碗里的空气膨胀，筷子做的指针就会向上移动，指示气压变低了。

（2）运用STEAM教育理念引导儿童进行实验探究

针对低龄儿童，比如小班和中班前期的学前儿童，教师要鼓励他们的探究行为，收集和分析探究过程的数据，并善于结合游戏创设轻松的学习氛围，使儿童对科学产生强烈的学习欲望。具体流程为：激发兴趣，发现问题→大胆假设，设计实验→观察现象，收集数据→分析数据，尝试推论→表达交流，归纳总结。针对中班后期和大班的学前儿童，教师需要从培养素养的视角鼓励儿童敢于质疑、坚持实事求是的科学态度，锻炼并规范其基本的科学技能，有助于儿童抽象逻辑的发展和成熟，为后续的学习打下基础。具体流程为：确定问题，观察体验→明确标准，设计方案→选择材料，尝试制作→测试性能，优化方案→交流分享，反思总结。

儿童在幼儿园阶段还不具备对抽象概念进行理解的能力，对学习理解的表征可以蕴含在儿童实践活动的显性和隐性活动中，所以幼儿园STEAM教育目标重在思维启蒙和思维方式的培养，即鼓励儿童探究、培养问题意识、增强实践体验与合作学习、发展创新思维和解决创造性问题的能力，弱化儿童对STEAM五个学科事实性知识的机械掌握，以游戏化的活动形式和生活化的问题情境促进儿童对知识的理解，教师基于儿童表现判断儿童的素养成长。对于小班和中班前期的学前儿童，STEAM教育采用基于问题的探究式学习，以科学和数学两个学科整合为主，借助技术工具以分类比较、图表分析等形式理解并积累知识，重在培养儿童的探究兴趣、科学态度和简单的科学方法与技能。对于中班后期和大班的学前儿童，随着其知识和经验的增长及认知能力的提高，STEAM教育采用基于项目的问题解决，在培养其探究兴趣和技能方法的基础上，强调工程设计、动手实践和解决问题能力的培养。

儿童在教师的指导下完成气压计的制作，体现了STEAM教育理念中的科学、工程、技术、艺术和数学思维，有机地将这几个方面的知识和技能融为一体。比如，气压计的原理，可以渗透气压的科学知识；气球如何固定在碗上、如何制作一个硬纸板，体现了工程和技术思维；在刻度板上画出阳光、雨滴、云彩及其他方面的内容，又体现了艺术思维；而刻度板中刻度的划分，又体现了数学思维。

单元二　STEAM教学

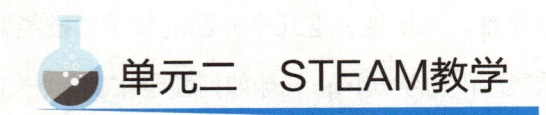

任务1　了解STEAM教学

1. 任务描述

（1）在查找资料的基础上，以小组为单位讨论STEAM教学的特点，并完成表5-2-1-1所示工作表单。

（2）结合制作鸟窝实验，分析和总结STEAM教学流程，并完成表5-2-1-2和表5-2-1-3所示工作表单。

（3）完成上述工作表单后，以小组为单位选派代表依次发言。

2. 工作表单

表 5-2-1-1　STEAM 教学的特点

序号	特点
1	
2	
3	

表 5-2-1-2　STEAM 教学流程

序号	内容
1	
2	
3	
4	
5	

表 5-2-1-3　结合制作鸟窝实验设计儿童延伸和拓展方案

序号	内容
1	
2	
3	
4	
5	

3.反思评价

（1）结合本次任务，请写下你的反思。

我的反思：_____
_____
_____

（2）结合本次任务，请写下你对STEAM教学的认识。

> 我对STEAM教学的认识：_____
> _____
> _____

（3）对自己完成的工作表单（见表5-2-1-1~表5-2-1-3）分别进行评价，评价表见表5-2-1-4。

表 5-2-1-4　评价表

工作表单	完成度	自评打分
表 5-2-1-1	☆☆☆☆☆	☆☆☆☆☆
表 5-2-1-2	☆☆☆☆☆	☆☆☆☆☆
表 5-2-1-3	☆☆☆☆☆	☆☆☆☆☆

4.学习支持

（1）STEAM教学模式

STEAM是一种多学科融合的综合性教育理念和教育模式，它是以跨学科整合的方式培养学生素养的一种教育。与传统学科教学相比较，STEAM重新整合课程，消除了传统分科课程之间的界限，让课程更具综合性、趣味性。STEAM教育通常以学科的概念和原理为中心，在真实世界中借助多种资源开展探究活动，并在一定时间内解决一系列相互关联的问题，是一种新型的探究性学习模式。通过实验制作开展的STEAM教学模式的思路如下：有一个能够组织和激发学习活动的问题；学生可以就一个作品的制作进行交流和讨论，从而发现新问题；学生需要综合运用多种学科知识来理解、分析和解决在学习过程中遇到的问题；活动涉及的老师、学生等需要相互合作；在学习过程中需运用多种认知工具和信息媒体资源来支持和陈述自身的观点，如图像软件、计算机等。学前科学实验探究以科学实验为载体，融合多学科进行研究教育。在幼儿园科学教育中，STEAM教育过程可以是教师结合游戏活动或每日生活项目引导儿童发布一个"模糊的任务"，然后要求其输出一个"明确的结果"。这种教学模式的核心是培养儿童的创新意识、发散思维、想象力、发现问题的能力，锻炼他们运用多学科知识解决问题的能力、团队合作的能力等。所以，在教学过程中要创设恰当的问题情境，让儿童切身去体验、感受知识的生成过程，并能在团队协作下学习、掌握新知识，然后尝试把新知识与现实生活联系起来、有新发现并设计出新问题。在STEAM教育模式的指引下，教师要跳出"单纯关注本学科知识传授"的传统教学理念，开发和利用课程资源、组织课堂活动才能最大化地吸引学生的参与，设计问题才能引发学生更深入地思考。

（2）STEAM教育理念在学前教育中的应用

STEAM教育理念在幼儿园游戏中已经得到了体现。虽然儿童还没有达到对一些抽象的科学概念真正地理解的水平，但是在一些实验（活动）中儿童无形中运用了科学、技术、工程、数学知识及它们之间的联系，下面以搭建积木为例。儿童可以将积木搭建成自己想象中的不同形状。在搭建过程中，儿童一定会去思考，一是如何让它稳固，二是需要多少积木。其中，要想稳固就可能涉及一些科学原理，用多少积木就涉及数学知识。因为儿童在运用不同材质（如木制、泡沫制、硬纸板）的积木搭建积木塔时，通过不断地尝试，会发现木制积木比泡沫制积木、硬纸板搭建得更稳固一些；大积木在下、小积木在上，稳定性会更好一些。所以，在搭建过程中，无形中儿童也获得了相应的科学经验和计数方法。

如何选择STEAM教学项目 在STEAM教学项目选择上，可以将生活中接触到的物品作为项目的来源，如制作一个牙杯、梯子等。幼儿园教师也可以将STEAM教育融入幼儿的一日活动中。比如，在儿童扮演厨师角色的时候，儿童需要搅拌、混合、倾倒并测量，会用到一些简单的工具，就可以自然地把技术

引入活动。而原材料的混合可以使儿童看到材料混合后发生的变化，其中有些变化是可逆的，有些变化是不可逆的，这样就可以将物理的知识引入活动中。可以在积木建构区开展STEAM教学活动，因为这些感性经验对儿童理解稳定性与材料的属性、支撑情况等相关内容是至关重要的，在这些活动中儿童会感知科学知识、工程知识等，从而提高儿童的素养。当然也不是所有的项目活动都是STEAM活动，一个项目活动也不可能完全只是活动。我们可以借助项目活动，有目的、有针对性地开展这方面的教育活动。所以，在幼儿阶段开展STEAM教学活动，重要的是思维方式启蒙，让儿童知道一个问题可以通过多种方法和途径来解决。

STEAM教学设备与材料准备　在幼儿园开展STEAM教学，必须要准备充足的设备和材料。不仅要准备常见的物理、化学实验等专业设备，如放大镜、天平、尺子等，而且还要准备其他材料。比如，自然界中的树叶、树枝、石头、松果、沙子等，生活中可回收的物品如箱子、纸巾筒、塑料泡沫、饮料瓶、易拉罐、牛奶盒、鸡蛋箱、布料、纽扣、木头废料等。针对幼儿园无法准备的有关材料，可以向家长寻求帮助。通过家园合作，充分调动家长的力量和智慧。

（3）教学参考——基于设计思维的STEAM教学活动设计

目前，采用最广泛的设计思维是由斯坦福设计研究院开发的EDIPT模型，具体分五个步骤，分别为同理心，收集对象的真实需要；定义，分析收集到的各种需要，提炼需要解决的问题；头脑风暴，打开脑洞，创意的点子越多越好；原型制作，将想法通过动手制作出来；测试，优化解决方案。以上观点侧重从方法论的角度看待设计思维。设计思维体现了"教为主导，学为主体"的理念，提出教师可基于设计思维分析教学活动的具体操作步骤，按照具体的流程开展教学活动，以儿童的需求出发，引导教师多角度寻求创新解决方案。教师在指导儿童开展STEAM活动的过程中，应明确儿童在活动中扮演的角色。儿童有着好奇心和探究兴趣，问题是儿童解释这个世界的开始，倡导儿童像科学家一样去工作，解决问题、解释原因，并在这个过程中体验乐趣；倡导儿童像工程师一样在解决问题的过程中展开设计、解决问题、测试并改进。

基于设计思维的STEAM教学活动可以促进幼儿实践、思考、更好地分享自己的观点，和团队一起活动，证明自己的观点，寻找证据作为支撑。

基于设计思维的STEAM教学活动主要流程如下：首先，教师通过观察儿童，发现可以培养儿童的问题解决能力和创造性思维能力的问题情境，此类情境可能出现在生活中、教学活动中、区域游戏中和户外活动中。如果出现的问题情境具有共性，教师可开展集体教学活动；如果出现的问题情境是个别儿童的发现，教师可引导该儿童开展个人活动，此阶段只是开始阶段。其次，教师引导儿童对出现的问题进行深度思考，并对解决该问题已知的和未知的信息进行收集和分析，此阶段开始注重生成性地解决问题，并持续至后续的整个过程。再次，教师引导儿童提出该问题的可能解决措施，紧接着教师引导儿童对解决问题的原型进行设计并利用材料进行制作。最后教师引导儿童对该解决方案进行检测改进，看是否能解决该问题，同时儿童间进行交流和分享。基于设计思维的STEAM教学活动流程见表5-2-1-5。

表 5-2-1-5　基于设计思维的 STEAM 教学活动流程

步骤	幼儿任务	教师任务	STEAM 教学任务
同理心	发现问题情境	关注儿童的兴趣点	教师以培养儿童的问题解决能力和创造性思维能力为目标，通过观察、调查等方式确定问题
定义	在分析和明确问题的过程中主动跨学科并与生活相联系	引导儿童对问题进行定义，引导儿童跨学科定义问题	对儿童需解决的问题进行确认，收集与问题相关的信息，确定该问题已知的信息
头脑风暴	针对问题提出各种可能的解决方案并进行初步设计	引导儿童进行跨学科思考	寻找出至少两种解决问题的措施
原型制作	根据措施或设计制作出解决问题的原型	引导儿童尝试解决问题，协助儿童制作出最初的原型	设计出解决该问题最初的原型，并选择材料进行制作
测试	检查该原型是否能解决该问题，并通过相互交流进行改进	引导儿童相互交流，并对解决方案进行改进	检测解决方案是否能解决问题，并进行分析，儿童间相互交流分享

下面以幼儿园大班儿童制作鸟窝实验为例，阐述STEAM教学活动的流程。

同理心阶段：教师分析和总结儿童的动机和兴趣，接下来，在父母的帮助下，儿童选取了本地区较为常见的麻雀进行观察，有条件的儿童还可以实地观察鸟窝的形状并拍摄相关照片。教师对儿童收集的材料进行整理，并引导儿童仔细观察鸟类搭建鸟窝时对树枝形状的要求并思考如何搭建会让鸟窝更加稳固，并对搭建鸟窝的材料进行分析。

定义阶段：在整理鸟类搭建鸟窝的需求的基础上，通过分析需求，最终确定鸟类搭建鸟窝所要解决的问题。鸟类搭建鸟窝需要泥土、小树枝和杂草；用鸟类的唾液将泥土、杂草和小树枝混合起来，成为搭建鸟窝的原材料；鸟窝形状的基本设计。教师和儿童讨论以上问题，由儿童确定要设计易于稳定搭建鸟窝的树枝、鸟窝的形状。此阶段STEAM跨学科的特性已经体现出来，科学和数学是开展活动的核心，比如鸟窝的材料和形状与科学和数学相关，如何搭建与工程相关，采用什么混合材料与技术相关。

头脑风暴阶段：自由设计鸟窝。儿童结合自身的经验为小鸟设计树枝形状和鸟窝的形状，儿童自由展开创作，较好地体现了STEAM教育理念中的创造性、跨学科性、基于问题的教与学、真实性的学习。此阶段，儿童展开对于鸟窝的形状与大小的数学认知、鸟窝在树枝上如何稳定的力学认识，探索鸟窝利用什么材料与技术进行搭建的认识、鸟窝设计的工程类知识认识、鸟窝的颜色造型等艺术类认知等。基于上述跨学科、综合性的认知，儿童开始对鸟窝进行设计，受前期经验的影响，此阶段儿童表现出不同的想法并设计出各种各样的鸟窝，并考虑如何实现。但是，在开展过程中也会发现，儿童对鸟窝的形状的思考较多，对工程技术的思考较少，因此教师要及时引导儿童从内部构造、工程技术的角度进行深度思考。

原型制作阶段：儿童根据设计图纸，从教师提供的材料中选取适合的材料进行鸟窝的搭建工作。教师需提供丰富的材料，在设计模型的过程中要打破常规材料对儿童思想的束缚，提供的材料要尽可能真实，比如杂草、泥土、树枝、木板、纸箱、水、棉花等材料，儿童也可利用自己从家里带来的材料进行制作。此阶段儿童可能会经历失败，教师要及时进行引导并建立其完成模型创作的信心。教师需对儿童搭建鸟窝做较为充足的前期准备，帮助儿童分析遇到的问题，从学科的角度来解决。儿童以多种途径实现对鸟窝形状、结构、功能等的认知，潜移默化地学会应用多学科知识解决问题。

测试阶段：儿童对自己制作的鸟窝的功能进行测试，从材料的实用性、稳定性、功能性等方面进行测试并进行改进，最后进行分享交流。在制作过程中，教师要进一步引导儿童理解相关知识并产生新想法，帮助儿童发展交流和表达技能，鼓励儿童交流、写、画、测量，并且用各种方式来表达想法。

在基于设计思维开展关于鸟窝的STEAM教学活动的过程中，儿童利用不同的学科知识解决问题。比如在儿童观察设计树枝的形状与鸟窝的稳定性时，对图形、力学、量的大小有了一定的探究；在搭建鸟窝阶段，鸟窝材料的来源与制作，涉及了技术和工程知识及经验；最终儿童完成了各种各样的充满创意的鸟窝作品。

任务2　基于STEAM教育理念的气压计教学

1.任务描述

（1）结合基于STEAM教育理念的鸟窝制作实验，制定基于STEAM教育理念的气压计制作流程和教学方案，并完成表5-2-2-1和表5-2-2-2所示工作表单。

（2）完成上述工作表单后，以小组为单位选派代表依次发言。

2.工作表单

表 5-2-2-1　基于 STEAM 教育理念的气压计制作流程

步骤	幼儿任务	教师任务	STEAM 教学任务
同理心			
定义			
头脑风暴			
原型制作			
测试			

表 5-2-2-2　基于 STEAM 教育理念的气压计制作实验教学方案

实验名称	
教学目标	
教学重点 教学难点	
实验准备	
教学过程	
实验拓展	
教学反思	

3. 反思评价

（1）结合本次任务，请写下你的反思。

我的反思：_____
_____
_____

（2）结合本次任务，请写下你对学前科学实验与STEAM教学的认识。

我对学前科学实验与STEAM教学的认识：_____
_____
_____

（3）对自己完成的工作表单（见表5-2-2-1和表5-2-2-2）分别进行评价，评价表见表5-2-2-3。

表 5-2-2-3　评价表

工作表单	完成度	自评打分
表 5-2-2-1	☆☆☆☆☆	☆☆☆☆☆
表 5-2-2-2	☆☆☆☆☆	☆☆☆☆☆

4.学习支持

利用STEAM教育理念如何促进学前科学实验教学呢？具体表现在以下几个方面：

第一，抓住儿童好奇心。教师要抓住儿童好奇心强的特点，创设各种情境，以适宜的角色介入，充分吸引儿童的关注，有针对性地提出设想，充分调动儿童的好奇心和探究欲望，让儿童带着思考有方向、有目的地进行探究。借鉴STEAM教育理念，任务情境应是以问题为核心的，即儿童的活动任务来自生活、游戏中所遇到的问题，让儿童在真实的生活情境、科学活动、拟真情境中为解决问题而进行探索实践，使探究有目的、有方向。教师需要根据问题内容进行预先设计，选择合适的情境，以玩家身份提出任务，把任务附着在具体的科学活动中。小班儿童目的性弱，尤其需要科学活动来吸引他们的兴趣和注意力，进行比较有目的的探究和实践。虽然中大班儿童游戏的目的性越来越强，但科学活动同样起着吸引他们兴趣和注意力的作用。

第二，善于引导。STEAM教学活动是一种科学教育实践活动，以培养科学家和工程师的方式进行活动，并不是强制性地教科学，也不是毫无目的地试错，而是带着思考和各种解决问题的办法进行尝试，也就是事先有一定的设计或规划，再去尝试。所以，要在游戏的情境中引领儿童进行计划、设计，再按照设计进行实践，完成后进行一定的测试和调整。在科学活动中引领儿童设计的方法有许多，可以以"虚心请教"方式引领儿童进行设计，如在制作气压计过程中向儿童请教："我不知道怎样固定筷子，我们一起来设计？"教师在科学实验中，通常以玩家的身份去带动、支持儿童，这是一种无形的引领和启迪。

　　第三，巧引技术。技术是一种方法与技巧，在活动中更多表现为工具与途径。借鉴STEAM教育理念，教师在科学活动中应以玩家的身份巧妙地支持儿童合理地使用工具，引导他们懂得选择和运用好的方法，使儿童成为活动主体。教师通常以活动中的某一角色，自然、无痕地引领儿童进行有效的感知和实践，可通过以下几种方式进行："设问""平行研究""梳理""助手式"。"设问"就是教师在观察儿童不懂得使用更好的工具或者方法时，可以同样的角色，用自言自语的方式设问"这好像不是最好的办法，还可以怎样做？""有没有什么更好的工具可以用？"，自然地引导儿童发现问题，引发儿童思考。"平行研究"指的是儿童在进行一项新的实践，或当儿童的探究实践出现"瓶颈"，即将放弃活动时，教师以平行游戏的方式介入儿童的活动，在儿童的旁边，选择相同的内容进行操作，把该儿童不懂得使用的工具或技术运用进来，并有意地引起该儿童的注意，让儿童自觉地模仿，这种操作只要对儿童有所启发即可停止，不必全程做完。平行研究比较适合小班儿童。"梳理"就是儿童尝试了多种方法之后，教师以同伴的角色帮助儿童小结、梳理曾经用过的方法，以便儿童转变思路，如提出问题"我们刚刚用了这么多的办法，效果不是很好，我们来想想还有更好的办法吗？"或者根据活动情况，给予梳理式肯定，如儿童把纸张揉成团还是被卡在管道的某个地方时，提出问题："改变纸张的形状，这是个好办法，可是为什么没法完全通过呢？"既肯定儿童的方法，又提醒儿童分析原因。"助手式"就是教师给儿童打下手，听儿童"指挥"，那些对儿童来说已经没有挑战的事让教师来做，而把新的、有一定难度的事让儿童来做，如此一来，儿童就能够自信满满地进行实践。

模块六　科学实验教学模拟

背景介绍

在学前科学教育中加入科学实验进行科学知识与科学启蒙教育，已经成为国内外儿童教育领域的一项重要研究内容。科学实验教学模拟有助于学前教育专业学生掌握实验教学技能、提高教学能力。

模块内容

本模块包含10个单元，涵盖了学前科学教育中的空气、力、声音、热、光、电、电池、电磁铁及常见的一些化学现象等内容。每个单元安排1~2个任务，力求知识点相同或相近。为方便实验教学模拟，每个实验教学任务中都安排了科学知识和实验教学参考。

模块目标

通过科学实验教学模拟，培养学前教育专业学生熟练掌握科学实验教学技能。

单元一　看不见的空气

任务1　不湿的手绢

1. 任务描述

（1）根据右侧二维码链接所提供的材料和操作，设计"不湿的手绢"实验的教案，完成表6-1-1-1所示工作表单并进行模拟教学。

（2）在学生评价和教师点评的基础上完成表6-1-1-2所示工作表单，并重新设计教案与进行模拟教学。

二维码

2. 工作表单

表 6-1-1-1　"不湿的手绢"实验的教案

实验名称	
教学目标	
教学重点和难点	
实验准备	

续表

教学过程	
实验拓展	
教学反思	

表 6-1-1-2　学生评价与教师点评记录

项目	点评要点
学生	
教师	

3.反思评价

结合本次任务，请写下你的反思和改进。

我的反思和改进：_____
_____
_____

4. 学习支持

（1）科学知识——空气

空气是一种无色无味的物质，它覆盖在地球表面。空气主要由氮气和氧气组成，对人类的生存和生产产生重要的影响。对于儿童来讲，感知空气的存在具有重要的意义。

（2）"不湿的手绢"实验教学参考

【实验猜想】

手绢放在水里会不会湿呢？那么，怎样使放在水里的手绢不会湿呢？

【实验材料】

玻璃杯、一盆水、手绢。

【实验操作】

①把手绢塞到玻璃杯的底部，然后把玻璃杯口朝下竖直放入盛有水的水盆中。

②过一会儿再竖直拿出玻璃杯，观察玻璃杯中的手绢会不会被水浸湿。

③再把手绢塞到玻璃杯的底部，然后把玻璃杯口朝下倾斜放入水中，观察玻璃杯中手绢的变化。

【实验指导】

①手绢一定要在玻璃杯的底部塞紧，以保证倒立玻璃杯时手绢不会掉下来。

②引导小朋友把玻璃杯倾斜放入水中时，观察水进入玻璃杯的状态，以及是否会看到有泡泡冒出。

③水盆中水的深度一定要高于玻璃杯的高度。

【实验拓展】

①本实验中手绢是否可以用纸或布等材料代替来证明杯内有空气呢？

②本实验中不用手绢，只用杯子和一盆水能否证明空气的存在呢？

③引导小朋友研究倾斜杯子的角度与杯中溢出气泡量之间的关系。

任务2　掉不下来的塑料板

1.任务描述

（1）根据右侧二维码链接所提供的材料和操作，设计"掉不下来的塑料板"实验的教案，完成表6-1-2-1所示工作表单并进行模拟教学。

（2）在学生评价和教师点评的基础上完成表6-1-2-2所示工作表单，并重新设计教案与进行模拟教学。

二维码

2.工作表单

表 6-1-2-1　"掉不下来的塑料板"实验的教案

实验名称	
教学目标	
教学重点和难点	
实验准备	
教学过程	

续表

实验拓展	
教学反思	

表 6-1-2-2 学生评价与教师点评记录

项目	点评要点
学生	
教师	

3.反思评价

结合本次任务，请写下你的反思和改进。

我的反思和改进：_____
_____
_____

4.学习支持

（1）科学知识——大气压强

通常把地球表面由空气构成的整体称为大气层。由于空气受重力的作用，同时具有流动性，所以空气向各个方向都有大气压力。由于地球对空气的引力作用，空气压在地面上，就要靠地面或地面上的其他物体来支撑它，这些支撑着大气的物体和地面，也会受到大气压力的作用。单位面积上受到的大气压力，就是大气压强。所有浸在大气里的物体都会受到大气压强的作用。如果一定体积内的空气越多，其产生的压强也就越大；相反，一定体积内的空气越少，其产生的压强也就越小。空气中含有大量氧气，氧气不仅能供人类呼吸，也能使物质燃烧。燃烧可以消耗氧气，使空气减少，导致压强降低。如果物体受热，体积就会膨胀，这时压强也会增大。

（2）"掉不下来的塑料板"实验教学参考

【实验猜想】

小朋友们，一个塑料板能盖住玻璃杯，那么将玻璃杯倒置过来，塑料板会不会掉下来呀？对，塑料板会掉下来，那么玻璃杯中注满水后塑料板会掉下来吗？

【实验材料】

玻璃杯、塑料板、水。

【实验操作】

①将玻璃杯里装满水，用塑料板盖好杯口。

②一只手扶杯子，另一只手按住塑料板，将杯子翻转过来，使杯口朝下。

③扶着塑料板的手轻轻放开，观察塑料垫板会不会掉下来。

【实验指导】

玻璃杯口一定要平整，与塑料板接触要严密。

【实验拓展】

①如果玻璃杯里的水不满，塑料板会掉下来吗？

②实验中塑料板可以用普通纸代替吗？

③玻璃杯换用普通的塑料瓶（矿泉水瓶）可以吗？

④塑料板有孔，那么它可以托住水吗？孔的大小、形状、数量对实验结果有影响吗？

单元二　水的浮力和张力

任务1　鸡蛋潜水艇

1. 任务描述

（1）根据右侧二维码链接所提供的材料和操作，设计"鸡蛋潜水艇"实验的教案，完成表6-2-1-1所示工作表单并进行模拟教学。

（2）在学生评价和教师点评的基础上完成表6-2-1-2所示工作表单，并重新设计教案与进行模拟教学。

二维码

2. 工作表单

表 6-2-1-1　"鸡蛋潜水艇"实验的教案

实验名称	
教学目标	
教学重点和难点	
实验准备	

续表

教学过程	
实验拓展	
教学反思	

表 6-2-1-2　学生评价与教师点评记录

项目	点评要点
学生	
教师	

3. 反思评价

结合本次任务,请写下你的反思和改进。

我的反思和改进:_____
_____
_____

4.学习支持

（1）科学知识——浮力

物体能不能在水面浮起来主要取决于物体的重力与浮力的大小关系，当重力大于浮力的时候物体下沉，反之则物体能够浮在水面上；当二者大小相等时则物体可以浮在水中。在"鸡蛋潜水艇"实验中，鸡蛋的重力不变，而盐水的浮力随着盐的浓度的变化而发生变化。盐水的浮力要大于清水的浮力。但是，当将盐逐渐放入水中而盐不再溶解的时候，就不要再放入盐了。此时盐溶液为饱和溶液，已不能再进一步溶解盐。

（2）"鸡蛋潜水艇"实验教学参考

【实验猜想】

死海位于以色列和约旦交界处，是世界上海拔最低的湖泊，也是世界上最咸的咸水湖之一。我们可以在死海里自由游泳，即使不会游泳的人，也会浮在水面上，不用担心会被淹死。这是为什么呢？下面我们就用鸡蛋来制作潜水艇，看看我们的猜想对不对。

【实验材料】

鸡蛋、玻璃杯、食盐、水、筷子。

【实验操作】

①把鸡蛋放在一个盛有大半杯水的玻璃杯中，当手松开时，鸡蛋会沉入杯底。

②往水中不断地加入食盐并用筷子不断地搅拌，观察鸡蛋的运动情况。

③当鸡蛋摇摇晃晃地浮出水面后，再向杯中加入水，观察鸡蛋运动情况的变化。

【实验拓展】

①还有哪些物体可以浮在水面上？哪些物体会沉入水中？

②本实验中，使用熟鸡蛋和生鸡蛋的实验结果一样吗？

任务2　漂浮的硬币

1.任务描述

（1）根据右侧二维码链接所提供的材料和操作，设计"漂浮的硬币"实验的教案，完成表6-2-2-1所示工作表单并进行模拟教学。

（2）在学生和教师点评的基础上完成表6-2-2-2所示工作表单，并重新设计教案与进行模拟教学。

二维码

2.工作表单

表 6-2-2-1　"漂浮的硬币"实验的教案

实验名称	
教学目标	
教学重点和难点	
实验准备	
教学过程	

续表

实验拓展	
教学反思	

表 6-2-2-2　学生与教师点评记录

项目	点评要点
学生	
教师	

3.反思评价

结合本次任务，请写下你的反思和改进。

我的反思和改进：_____
_____
_____

4.学习支持

（1）科学知识——水的张力

水的表面张力是分子间的引力作用的结果，这个引力试图使液体的表面积保持最小，而所有形状中，只有球形的表面积最小。所以，失重状态下的液体呈球形。液体分子之间有相互吸引力，在液体表面称为表面张力。在"漂浮的硬币"实验中，液体表面没有破裂，表面张力与硬币的重力平衡，使得硬币处于静止状态。此外，由于硬币的面凹凸不平，使硬币下方形成一个空气垫，这也是硬币漂浮的一个不可忽视的原因。

（2）"漂浮的硬币"实验教学参考

【实验猜想】

针能漂浮在水面上，那么硬币能漂浮在水面上吗？

【实验材料】

玻璃杯、硬币、水。

【实验操作】

①在玻璃杯中倒满清水。

②小心地向杯中投放壹分（贰分、伍分）硬币，看看硬币能不能浮在水面上。

【实验指导】

①实验中最好采用壹分、贰分、伍分、壹角等硬币。

②玻璃杯口最好平整，水要盈而不溢。

③将硬币放在餐巾纸上，平放在水面上，当纸浸泡后就会下沉，而硬币不会。

【实验拓展】

①玻璃杯中的水不满，是否也可以使硬币漂浮呢？玻璃杯是否可换为其他容器呢？

②一元硬币不易漂浮在水面上，尝试一下怎样使一元硬币漂浮在水面上？

③硬币可用针、小铁丝、曲别针等代替吗？碗中的水能不能用可乐、雪碧、盐水等代替呢？

④在碗中将纸巾放到水面上，在上面放一些回形针，看看回形针是否沉入碗底？本实验中不放清洁剂，水面抖动会使回形针下沉吗？

单元三　摩擦力

1.任务描述

（1）根据右侧二维码链接所提供的材料和操作，设计"瓶子赛跑"实验的教案，完成表6-3-1-1所示工作表单并进行模拟教学。

（2）在学生和教师点评的基础上完成表6-3-1-1所示工作表单，并重新设计教案与进行模拟教学。

二维码

2.工作表单

表 6-3-1-1　"瓶子赛跑"实验的教案

实验名称	
教学目标	
教学重点和难点	
实验准备	

续表

教学过程	
实验拓展	
教学反思	

表6-3-1-2　学生与教师点评记录

项目	点评要点
学生	
教师	

3. 反思评价

结合本次任务，请写下你的反思和改进。

我的反思和改进：_____
_____
_____

4. 学习支持

（1）科学知识——摩擦力

阻碍物体相对运动（或相对运动趋势）的力叫作摩擦力。摩擦力的方向与物体相对运动（或相对运动趋势）的方向相反。摩擦力分为静摩擦力、滚动摩擦力和滑动摩擦力三种。一个物体在另一个物体表面发生滑动时，接触面间产生阻碍它们相对运动的摩擦，称为滑动摩擦。滑动摩擦力的大小与接触面的粗糙程度和压力大小有关。压力越大、物体接触面越粗糙，产生的滑动摩擦力就越大。增大有利摩擦的方法包括增加接触面的粗糙程度、增大压力、使滚动变为滑动。减小有害摩擦的方法主要包括减少粗糙面的粗糙程度、减小压力、变滑动为滚动、使物体接触面分离等。本实验中，沙子对瓶子内壁的摩擦比水对瓶子内壁的摩擦要大得多，而且沙子之间还会有摩擦，因此装有沙子的瓶子的下滑速度比装有水的瓶子的下滑速度要慢。

（2）"瓶子赛跑"实验教学参考

【实验猜想】

装有沙子和装有水的两个同等重量的瓶子从同一高度滚下来，谁先到达终点？

【实验材料】

大小、重量相等的两个瓶子，沙子，水，一块长方形木板、几本厚书

【实验操作】

①用长方形木板和厚书搭成一个斜坡。

②将水倒入一个瓶子中，将沙子倒入另一个瓶子中。

③把分别装满水和沙子的两只瓶子放在斜坡高点处，同时松手，观察哪一个瓶子先到达斜面底部。

【实验拓展】

①用书调整长木板的倾斜度，看看结果是不是一样？本实验中木板改用玻璃板行不行？

②将瓶子里的沙子或水换成其他物质，看看结果是否一样？

③如果一个空瓶子和一个装满水的瓶子"赛跑"结果是否一样？半瓶水和满瓶水的实验结果又会发生怎样的变化？

单元四　摩擦带电和电池

任务1　带电的报纸

1. 任务描述

（1）根据右侧二维码链接所提供的材料和操作，设计"带电的报纸"实验的教案，完成表6-4-1-1所示工作表单并进行模拟教学。

（2）在学生和教师点评的基础上完成表6-4-1-2所示工作表单，并重新设计教案与进行模拟教学。

二维码

2. 工作表单

表6-4-1-1　"带电的报纸"实验的教案

实验名称	
教学目标	
教学重点和难点	
实验准备	

续表

教学过程	
实验拓展	
教学反思	

表 6-4-1-2　学生与教师点评记录

项目	点评要点
学生	
教师	

3.反思评价

结合本次任务，请写下你的反思和改进。

我的反思和改进：_____
_____
_____

4.学习支持

（1）科学知识——摩擦起电

摩擦起电是指用摩擦的方法可使两个不同的物体带电的现象。两个不同的物体相互摩擦后，一个物体带正电，另一个物体带负电。摩擦过的物体具有吸引轻小物体的性质。本实验中，经过摩擦的报纸带电后被吸到了墙上。当屋子里空气干燥时，如果把报纸从墙上揭下来，就会听到静电的噼啪声。气球是用橡胶做的，橡胶和毛发摩擦会产生静电。物体因摩擦而带的电，不是正电就是负电。本实验中，由于两个气球被头发（羊毛衫）摩擦后带上了同种电荷（负电荷），所以会互相排斥，自然就分开了。两个气球上所带的电荷使它们被吸引到纸板上。

（2）"带电的报纸"实验教学参考

【实验猜想】

不用胶水、胶布等黏合剂，我们能把报纸粘到墙上吗？

【实验材料】

铅笔、报纸。

【实验操作】

①展开报纸，把报纸平铺在墙上。

②用铅笔侧面迅速地在报纸上摩擦几下后，报纸就像粘在墙上一样掉不下来了。

③掀起粘在墙上的报纸一角，然后松手，被掀起的一角会被墙壁吸回去。

④把报纸慢慢地从墙上揭下来，注意倾听静电的声音。

【实验拓展】

①普通纸、塑料、手绢等常见物品能用铅笔摩擦的方式粘在墙上吗？

②报纸能用铅笔摩擦的方式粘在黑板、玻璃、木门或铁门上吗？

③如果没有铅笔，你还会想到用哪些物体来代替铅笔呢？

④你能用其他小实验说明气球带电吗？把塑料绳扎成一束，自上而下用手不断地捋动，就会看到塑料绳像花朵一样展开。两个气球通过何种方式才能带电？如何带上相反的电荷呢？试想一个气球摩擦，另一个气球没有摩擦，两个气球会相互吸引吗？借鉴不分离的两个乒乓球的方法，你能使两个气球不分离吗？

任务2　西红柿电池

1.任务描述

（1）根据右侧二维码链接所提供的材料和操作，设计"西红柿电池"实验的教案，完成表6-4-2-1所示工作表单并进行模拟教学。

（2）在同学和教师点评的基础上完成表6-4-2-2所示工作表单，并重新设计教案与进行模拟教学。

二维码

2.工作表单

表 6-4-2-1　"西红柿电池"实验的教案

实验名称	
教学目标	
教学重点和难点	
实验准备	
教学过程	

续表

实验拓展	
教学反思	

表 6-4-2-2　学生与教师点评记录

项目	点评要点
学生	
教师	

3.反思评价

结合本次任务，请写下你的反思和改进。

我的反思和改进：_____
_____
_____

4.学习支持

（1）科学知识——电池

电池是指盛有电解质溶液和金属电极以产生电流的杯、槽或其他容器或复合容器的部分空间，能将化学能转化成电能的装置。电池有正极和负极。随着科技的进步，电池泛指能产生电能的装置，如太阳能电池。电池作为能量装置，具有稳定电压、电流，长时间稳定供电，电流受外界影响小，并且电池结构简单，携带方便，充放电操作简便易行，不受外界气候和温度的影响，性能稳定可靠等优点，在现代社会生活的各个方面都发挥着巨大作用。

（2）"西红柿电池"实验教学参考

【实验猜想】

用手电筒中的电池能使小灯泡发光，那么西红柿能使小灯泡发光吗？

【实验材料】

西红柿、铁钉、铜线、小灯泡。

【实验操作】

①将西红柿尽可能地捏软，以不出汁液为宜。

②将铜线一端缠在灯泡底部。

③将铁钉插入西红柿内。

④将铜线另一端与铁钉平行插入西红柿内，并等待一段时间。

⑤让灯泡底部与铁钉完全接触。

【实验指导】

要尽量选择熟透的西红柿，最好两个以上连接使用。

【实验拓展】

本实验中西红柿还可以用哪些蔬菜或水果代替呢？

单元五　光的折射与反射

1. 任务描述

（1）根据右侧二维码链接所提供的材料和操作，设计"自制彩虹"实验的教案，完成表6-5-1-1所示工作表单并进行模拟教学。

（2）在学生和教师点评的基础上完成表6-5-1-2所示工作表单，并重新设计教案与进行模拟教学。

二维码

2. 工作表单

表 6-5-1-1　"自制彩虹"实验的教案

实验名称	
教学目标	
教学重点和难点	
实验准备	

续表

教学过程	
实验拓展	
教学反思	

表 6-5-1-2　学生与教师点评记录

项目	点评要点
学生	
教师	

3. 反思评价

结合本次任务，请写下你的反思和改进。

我的反思和改进：_____
_____
_____

4. 学习支持

（1）科学知识——光的折射反射

光在两种物质分界面上改变传播方向又返回原来物质中的现象，叫作光的反射。在反射现象中，反射光线、入射光线和法线都在同一平面内，反射光线、入射光线分别位于法线两侧，反射角等于入射角。光从一种介质中穿过另一种介质时反射角会发生改变，叫作光的折射。彩虹是一道有七色光谱的弧，一般为赤、橙、黄、绿、青、蓝、紫。它悬于太阳对面的空中，是雨滴或雾滴对阳光产生折射分光作用而形成的。在"自制彩虹"实验中，当太阳光进入水滴时，它会同时以不同的角度入射，并在水滴中以不同的角度反射。其中，40°～42°是最强的反射，会产生我们看到的彩虹。当这种反射现象发生时，太阳光进入水滴，首先折射，然后反射到水滴的背面，最后当它离开水滴时再次折射，总共经过一次反射和两次折射。因为水可以分散光，所以不同波长的光的折射率是不同的。红光的折射率小于蓝光，蓝光的偏角大于红光。因为光在水滴中反射，所以观察者看到的光谱是相反的，顶部是红光，底部是其他颜色。

（2）"自制彩虹"实验教学参考

【实验猜想】

小朋友们，雨后我们经常会看到彩虹。那么，我们能自己制作彩虹吗？

【实验材料】

一盆清水、一面镜子。

【实验操作】

①把镜子斜插入水盆中，镜面对着阳光。

②不断旋转镜子的方位，直到在水盆对面的墙上能看到美丽的彩虹为止。

【实验拓展】

①还有什么办法可以制造出美丽的彩虹？

②日常生活中光线经过哪些材料时会发生反射呢？

单元六 声 音

任务1 自制纸炮

1. 任务描述

（1）根据右侧二维码链接所提供的材料和操作，设计"自制纸炮"实验的教案，完成表6-6-1-1所示工作表单并进行模拟教学。

（2）在学生和教师点评的基础上完成表6-6-1-2所示工作表单，并重新设计教案与进行模拟教学。

二维码

2. 工作表单

表 6-6-1-1 "自制纸炮"实验的教案

实验名称	
教学目标	
教学重点和难点	
实验准备	

续表

教学过程	
实验拓展	
教学反思	

表 6-6-1-2　学生与教师点评记录

项目	点评要点
学生	
教师	

3. 反思评价

结合本次任务，请写下你的反思和改进。

我的反思与改进：_____
_____
_____

4. 学习支持

（1）科学知识——声音

声音是由物体振动（震动）产生的声波。发生振动的物体叫声源。声音以波的形式振动传播。频率在20Hz~20kHz的声音是可以被人耳识别的。声音通过介质（空气或固体、液体）传播，声音在不同的介质中传播的速度不同，人耳听到的声音也不同。

（2）"自制纸炮"实验教学参考

【实验猜想】

你听过鞭炮的声音吗？简简单单的一张纸也能发出类似鞭炮的声音，你相信吗？

【实验材料】

一张长方形纸。

【实验操作】

①将长方形纸沿长度方向先对折，然后再打开。四个角沿着中线往内折，再整个对齐。

②对折后再打开，把左右两边的角沿着中线往下折。把纸往后折，形成一个三角形，纸炮就完成了。

③抓紧两个尖角，用力往下甩，你会听到类似鞭炮的声音。

【实验拓展】

①纸炮声音的大小与纸张大小有关系吗？

②纸炮声音的大小与纸张薄厚有关系吗？

③抓紧纸炮向下甩、向上甩和左右甩，产生的纸炮响声一样大吗？

④你还会哪些纸炮的叠法？

任务2　自制耳罩（STEAM教学）

1. 任务描述

（1）仔细观察右图所示耳罩结构，以小组为单位讨论耳罩是如何减弱声音传播的，并完成表6-6-2-1所示工作表单。

（2）以小组为单位讨论如何选择耳罩材料及如何固定耳罩，并完成表6-6-2-2和表6-6-2-3所示工作表单。

（3）以小组为单位讨论如何美化耳罩，并完成表6-6-2-4所示工作表单。

（4）在学生和教师点评的基础上完成表6-6-2-5所示工作表单，并重新设计与制作耳罩。

2. 工作表单

表6-6-2-1　耳罩是如何减弱声音传播的

序号	内容
1	
2	
3	

表6-6-2-2　如何选择耳罩材料

内容

表 6-6-2-3　如何固定耳罩

内容

表 6-6-2-4　如何美化耳罩

内容

表 6-6-2-5　学生与教师点评记录

项目	点评要点
学生	
教师	

3.反思评价

（1）结合本次任务，请写下你的反思。

我的反思：_____
_____
_____

（2）对自己完成的工作表单（见表6-6-2-1~表6-6-2-4）分别进行评价，评价表见表6-6-2-6。

表 6-6-2-6　评价表

工作表单	完成度	自评打分
表 6-6-2-1	☆☆☆☆☆	☆☆☆☆☆
表 6-6-2-2	☆☆☆☆☆	☆☆☆☆☆
表 6-6-2-3	☆☆☆☆☆	☆☆☆☆☆
表 6-6-2-4	☆☆☆☆☆	☆☆☆☆☆

4. 学习支持

（1）科学知识——耳罩减弱声音原理

声是通过介质进行传播的。在不同介质中，声音的传播速度从大到小排列是固体、液体、气体。减弱噪声主要分为从声源处减弱（如用洗衣机甩干衣服时，若听到洗衣机发出很大的噪声，我们可以把衣服重新叠放到正确位置，噪声就消失了）、从传播中减弱（在噪声的传播过程中设置障碍物来反射或吸收噪声，达到减弱噪声的目的，将室内墙壁弄得粗糙一些、多使用布艺、临街的墙壁厚一点、多摆放木制家具，就可以起到减弱噪声的效果）和人耳处减弱（飞机场的地勤工作人员戴着耳罩就是为了减弱噪声对人体的影响）三种方式。耳罩是一种可将整个耳廓罩住的护耳器，常见的防噪声耳罩由弓架连接的两个圆壳状体体组成，壳内附有吸声材料和密封垫圈，整体形如耳机。耳罩的头环一般需弹性适中，长短应能调节，佩戴时没有压痛或明显的不适感。耳罩壳体能在相互垂直的两个方向上转动。耳垫可更换，要求对皮肤无刺激、易清洗和消毒。

（2）"自制耳罩"实验教学参考

（略）。

单元七　有趣的电磁铁

任务1　磁铁找朋友

1. 任务描述

（1）根据右侧二维码链接所提供的材料和操作，设计"磁铁找朋友"实验的教案，完成表6-7-1-1所示工作表单并进行模拟教学。

（2）在学生和教师点评的基础上完成表6-7-1-2所示工作表单，并重新设计教案与进行模拟教学。

二维码

2. 工作表单

表 6-7-1-1　"磁铁找朋友"实验的教案

实验名称	
教学目标	
教学重点和难点	
实验准备	

续表

教学过程	
实验拓展	
教学反思	

表 6-7-1-2　学生与教师点评记录

项目	点评要点
学生	
教师	

3. 反思评价

结合本次任务，请写下你的反思和改进。

我的反思和改进：_____
_____
_____

4. 学习支持

（1）科学知识——磁铁

磁铁能够产生磁场，具有吸引铁磁性物质（如铁、镍、钴等金属）的特性。将条形磁铁在其中点处系上细线并悬挂起来，静止的时候，它的两端会各指向地球南极和北极，指向北极的一端称为指北极，指向南极的一端称为指南极。指南针就是利用磁铁制作而成的。对于磁铁，同名磁极相互排斥、异名磁极相互吸引。磁铁分为"永久磁铁"与"非永久磁铁"。永久磁铁又称天然磁石，也可由人工制造。非永久性磁铁，如电磁铁，只有在某些条件下才会出现磁性。在"磁铁找朋友"实验中，通过磁铁来区分不同性质的材料。

（2）"磁铁找朋友"实验教学参考

【实验猜想】

今天老师给大家变一个魔术，老师不用手抓这个铁盒，只要把手放在盒面上，盒子就会跟着老师的手慢慢地抬起来。小朋友们，你们猜想一下老师能不能做到？

【实验材料】

磁铁、铁盒、积木、夹子、铁钉、海绵、剪刀、瓶盖、铅笔、梳子、纸片等

【实验操作】

①通过多媒体技术，请小朋友观看PPT中各种磁铁图片。

②根据图片，用磁铁吸引各种材料。

【实验指导】

本实验结合多媒体技术教学，PPT中展示的图片在实验过程中能看到。

【实验拓展】

①磁铁还能吸引哪些常见的物品呢？

②你能根据磁铁吸引材料的特点对材料进行分类吗？

任务2　有趣的电磁铁

1. 任务描述

（1）根据右侧二维码链接所提供的材料和操作，设计"有趣的电磁铁"实验的教案，完成表6-7-2-1所示工作表单并进行模拟教学。

（2）在学生和教师点评的基础上完成表6-7-2-2所示工作表单，并重新设计教案与进行模拟教学。

二维码

2. 工作表单

表 6-7-2-1　"有趣的电磁铁"实验的教案

实验名称	
教学目标	
教学重点和难点	
实验准备	
教学过程	

续表

实验拓展	
教学反思	

表 6-7-2-2　学生与教师点评记录

项目	点评要点
学生	
教师	

3.反思评价

结合本次任务，请写下你的反思和改进。

我的反思和改进：_____
_____
_____

4.学习支持

（1）科学知识——电磁铁

电磁铁是通电产生电磁的一种装置。在铁芯的外部缠绕与其功率相匹配的导电绕组，这种通有电流的线圈像磁铁一样具有磁性。通常将电磁铁制成条形或蹄形，以使铁芯更加容易磁化。另外，为了使电磁铁断电立即消磁，往往采用消磁较快的软铁或硅钢材料制作。这样的电磁铁在通电时有磁性，断电后磁性就随之消失。在"有趣的电磁铁"实验中，用一根铁钉，将其穿在线圈里面，分别用两根导线连接电池的两极，即可验证磁性。

（2）"有趣的电磁铁"实验教学参考

【实验猜想】

老师这儿有很多宝贝，如电池、铁钉、电线、曲别针等，请小朋友们猜一猜，哪一种材料能把曲别针吸上来呢？

【实验材料】

1号电池、铁钉、细电线、双面胶、曲别针。

【实验操作】

①把电线缠绕在铁钉上。

②将电池的两端分别用双面胶与电线固定。

③用连接好电池并缠绕有电线的铁钉去吸曲别针，观察曲别针是否会被吸上来。

【实验拓展】

①探究实验中电线的长度、缠绕圈数与吸取曲别针数量的关系。

②如果铁钉换作小木棒，能够吸引曲别针吗？

③铁钉能吸引水中的曲别针吗？

单元八　神奇的溶液

任务1　跳舞的颜料

1. 任务描述

（1）根据右侧二维码链接所提供的材料和操作，设计"跳舞的颜料"实验的教案，完成表6-8-1-1所示工作表单并进行模拟教学。

（2）在学生和教师点评的基础上完成表6-8-1-2所示工作表单，并重新设计教案与进行模拟教学。

二维码

2. 工作表单

表6-8-1-1　"跳舞的颜料"实验的教案

实验名称	
教学目标	
教学重点和难点	
实验准备	

续表

教学过程	
实验拓展	
教学反思	

表 6-8-1-2　学生与教师点评记录

项目	点评要点
学生	
教师	

3.反思评价

结合本次任务，请写下你的反思和改进。

我的反思和改进：_____
_____
_____

4.学习支持

（1）科学知识——表面活性剂

表面活性剂是指具有固定的亲水亲油基团、在溶液的表面能定向排列，并能使表面张力显著下降的物质。表面活性剂是一大类有机化合物，它们的性质极具特色，应用极为灵活、广泛。洗洁精的主要成分是表面活性剂。在"跳舞的颜料"实验中，将洗洁精加入牛奶中，会引起牛奶中脂肪分子的运动，食用色素分子可以随意迁移，就好像是颜色在跳舞。如果洗洁精和牛奶混合均匀了，食用色素也就不会运动了。

（2）"跳舞的颜料"实验教学参考

【实验猜想】

不同的颜料遇到我们常喝的牛奶会发生什么现象呢？

【实验材料】

牛奶、食用色素、塑料盘子、棉棒、洗洁精。

【实验操作】

①将牛奶倒入塑料盘子中，牛奶的高度为距离盘子底部0.5厘米左右。

②牛奶静止后，加入红、黄、蓝、绿四种颜色的食用色素（每种色素一滴到两滴），尽量将其滴在盘子中央区域。

③取一根棉棒，轻轻地将其放入牛奶中，观察现象，注意不能搅动。

④取另一根棉棒，在其一端蘸上少量洗洁精，并将棉棒放入牛奶中，观察现象。

【实验拓展】

①牛奶可以用其他液体代替吗？

②洗洁精可以用其他液体代替吗？

任务2　白纸藏字

1. 任务描述

（1）根据右侧二维码链接所提供的材料和操作，设计"白纸藏字"实验的教案，完成表6-8-2-1所示工作表单并进行模拟教学。

（2）在学生和教师点评的基础上完成表6-8-2-2所示工作表单，并重新设计教案与进行模拟教学。

二维码

2. 工作表单

表 6-8-2-1　"白纸藏字"实验的教案

实验名称	
教学目标	
教学重点和难点	
实验准备	
教学过程	

续表

实验拓展	
教学反思	

表 6-8-2-2　学生与教师点评记录

项目	点评要点
学生	
教师	

3.反思评价

结合本次任务,请写下你的反思和改进。

我的反思和改进:_____
_____
_____

4.学习支持

(1)科学知识——有机物

有机物即有机化合物,是生命产生的物质基础。多数有机化合物主要含有碳、氢两种元素,此外也常含有氧、氮、硫、磷等元素。部分有机物来自植物界,但绝大多数是以石油、天然气、煤等作为原料,通过人工合成的方法制得的。除少数有机化合物之外,一般有机化合物都能燃烧。任何有机物,只要能够产生热量就能用来制作隐形墨水。牛奶、鸡蛋清、尿液、柠檬汁都可以被制成隐形墨水。在"白纸藏字"实验中,洗手液具有迅速吸收水分的特性,用洗手液写字的部位与其余部位相比,能够更快地吸收水分。在"白纸藏字"实验中，阳光下暴晒之后，字形、图案会因糖分脱水而呈现浅褐色。因此，纸放入水中后能更加清晰地区别于其他部位的吸水痕迹。

（2）"白纸藏字"实验教学参考

【实验猜想】

一张白纸表面看上去没有任何字迹，但是经过一系列处理后会显现出字迹，这是为什么呢？你会制作这种隐形字吗？

【实验材料】

铅画白纸、洗手液、棉签。

【实验操作】

①在一次性纸杯中滴入几滴洗手液，然后用等量的温水混合搅拌均匀。

②用棉签蘸上刚稀释好的洗手液，在铅画纸上写出你喜欢的字，在阳光下晾干。

③晾干后，将写好字的纸放入盛有清水的水盆中，你会发现写的字显现出来了。

【实验指导】

实验中为使铅画纸上的字迹快速变干，可以尝试在白炽灯下烤一烤。

【实验拓展】

①还有哪些液体可以用于书写隐形字呢？

②还可以采用何种方式加快纸上的字显示出来？

单元九　认识化学变化

任务1　奇妙相遇

1. 任务描述

（1）根据右侧二维码链接所提供的材料和操作，设计"奇妙相遇"实验的教案，完成表6-9-1-1所示工作表单并进行模拟教学。

（2）在学生和教师点评的基础上完成表6-9-1-2所示工作表单，并重新设计教案与进行模拟教学。

二维码

2. 工作表单

表6-9-1-1　"奇妙相遇"实验的教案

实验名称	
教学目标	
教学重点和难点	
实验准备	

续表

教学过程	
实验拓展	
教学反思	

表 6-9-1-2　学生与教师点评记录

项目	点评要点
学生	
教师	

3. 反思评价

结合本次任务，请写下你的反思和改进。

我的反思和改进：_____
_____
_____

4. 学习支持

（1）科学知识——化学变化

化学变化是生产和生活中普遍存在的一种现象，通常，产生了新物质的变化就是化学变化，如铁生锈、节日的焰火等。通常，化学变化都产生了新物质，发生化学变化时常伴随颜色、气味的变化等。在"奇妙相遇"实验中，碘酒会氧化水分子，产生自由基，就如苹果放在空气中会变色一样，而维生素是水溶性抗体，是自由基的死敌，所以会把自由基杀死。维生素在人体内能充当抗体，对抗自由基，起到延缓衰老的作用。

（2）"奇妙相遇"实验教学参考

【实验猜想】

碘酒是什么颜色的呢？把一片维生素C片投放到碘酒中，碘酒的颜色会发生变化吗？

【实验材料】

碘酒、维生素C片、玻璃杯、滴管

【实验操作】

①用滴管取碘酒滴入装有水的玻璃杯中。

②将维生素C片用手掰开放入玻璃杯中，观察液体的颜色变化。

【实验拓展】

①苹果中含有维生素C，那么苹果能使碘酒褪色吗？

②除了水果以外，你还知道哪些物质能使碘酒褪色？

任务2　二氧化碳气体熄灭蜡烛

1. 任务描述

（1）根据右侧二维码链接所提供的材料和操作，设计"二氧化碳气体熄灭蜡烛"实验的教案，完成表6-9-2-1所示工作表单并进行模拟教学。

（2）在学生和教师点评的基础上完成表6-9-2-2所示工作表单，并重新设计教案与进行模拟教学。

二维码

2. 工作表单

表 6-9-2-1　"二氧化碳气体熄灭蜡烛"实验的教案

实验名称	
教学目标	
教学重点和难点	
实验准备	
教学过程	

续表

实验拓展	
教学反思	

表 6-9-2-2　学生与教师点评记录

项目	点评要点
学生	
教师	

3.反思评价

结合本次任务，请写下你的反思和改进。

我的反思和改进：_____
_____
_____

4.学习支持

（1）科学知识——燃烧

燃烧是可燃物质与氧气或其他助燃物质发生的一种发光发热的化学反应。可燃物质、助燃物质（氧气）和火源（能够提供一定的温度或热量）是燃烧的三个基本要素。缺少三个要素中的任何一个，燃烧都不会发生。对于正在进行的燃烧，只要充分控制三个要素中的任何一个，燃烧就会终止。为了达到防火的目的，至少要实现以下三个条件中的一个条件：环境温度在可燃物质的着火点以下；切断氧气的供应；移开可燃物（火源）。二氧化碳气体不会燃烧，也不支持燃烧，相同体积的二氧化碳比空气要重。在"二氧化碳气体熄灭蜡烛"实验中，食醋和小苏打是两种不同的物质，混合后会产生二氧化碳气体，并充满杯子，蜡烛的火焰在缺氧的情况下很快就熄灭了。常见的灭火器就是利用这个原理制作的。

（2）"二氧化碳气体熄灭蜡烛"实验教学参考

【实验猜想】

小朋友们，这是厨房中的食醋和小苏打，那么这两样厨房用品相遇能熄灭蜡烛吗？

【实验材料】

玻璃杯、蜡烛、食醋、小苏打、火柴、水、筷子、汤匙。

【实验操作】

①将蜡烛固定在玻璃杯底部，点燃蜡烛。

②往玻璃杯中倒入水和小苏打的混合液。

③往玻璃杯中倒入食醋，观察蜡烛是否熄灭。

【实验指导】

在本实验中，将小苏打（约两汤匙左右）先放入玻璃杯中，然后倒入少量水并用筷子将其搅拌成溶液即可。

【实验拓展】

①哪些液体可以代替食醋呢？

②哪些物质可以代替小苏打呢？

单元十　旋转的力

1. 任务描述

（1）根据右侧二维码链接所提供的材料和操作，设计"自动旋转的奥秘"实验的教案，完成表6-10-1-1所示工作表单，并进行模拟教学。

（2）在学生和教师点评的基础上完成表6-10-1-2所示工作表单，并重新设计教案与进行模拟教学。

二维码

2. 工作表单

表 6-10-1-1　"自动旋转的奥秘"实验的教案

实验名称	
教学目标	
教学重点和难点	
实验准备	

续表

教学过程	
实验拓展	
教学反思	

表 6-10-1-2　学生与教师点评记录表

项目	点评要点
学生	
教师	

3. 反思评价

结合本次任务，请写下你的反思和改进。

我的反思和改进：_____
_____
_____

检测模块

1. 根据实验材料和实验操作独立完成实验设计并进行模拟教学

（1）"瓶口吞蛋"实验教学参考

【实验材料】

熟鸡蛋、玻璃瓶、火柴、纸、镊子。

【实验操作】

把熟鸡蛋剥掉壳；将纸撕成长条并用火柴点燃，用镊子将燃烧的纸条放进玻璃瓶中；玻璃瓶里的火熄灭后，马上把鸡蛋放到瓶口，观察鸡蛋是否会掉进玻璃瓶内。

（2）"两个不分离的乒乓球"实验教学参考

【实验材料】

铅笔、乒乓球、胶带、吸管。

【实验操作】

把两支铅笔平行摆放好，中间相隔2厘米，然后用胶带固定在桌面上；在两支铅笔之间放上两个乒乓球；用吸管在两个乒乓球之间吹气，会发现什么现象？

（3）"自制电话机"实验教学参考

【实验材料】

两个纸杯、一把锤子、两根钉子、一根细长线。

【实验操作】

用钉子在两个纸杯的底部中间各扎一个孔，孔大小以刚好穿过细绳为主；将细绳分别穿过两个纸杯的小孔后，在绳子的两端各系一个结，防止细绳从小孔滑落；请两个小朋友各拿一个纸杯，然后互相对着它说话，双方就可以听到彼此说话的声音。

（4）"隔空吹蜡烛"实验教学参考

【实验材料】

玻璃瓶（或塑料瓶）、蜡烛、火柴。

【实验操作】

用火柴点燃蜡烛,将燃烧的蜡烛放在玻璃瓶后;对着玻璃瓶用力吹气,观察蜡烛是否会熄灭。

(5)"声音熄灭蜡烛"实验教学参考

【实验材料】

空薯片筒、蜡烛、剪刀、火柴。

【实验操作】

准备一个空薯片筒,在薯片筒的盖子中间剪出一个直径大约2厘米的圆孔,然后把盖子盖好;点燃一支蜡烛,然后把圆孔对准蜡烛;用手在空薯片筒的底部轻拍两下,观察蜡烛是否会熄灭。

2.结合实验教学评价知识,评价相关模拟教学

(略)。

参考文献

[1] 刘占兰.有趣的幼儿科学小实验[M].北京：教育科学出版社，2011.

[2] 韩会生.学前科学实验经典案例[M].北京：科学出版社，2017.

[3] 赵兰会，刘令燕.儿童趣味科学小实验[M].北京：科学出版社，2017.

[4] 林杰.最受全球小学生喜爱的趣味科学实验（金卷、银卷）[M].杭州：浙江教育出版社，2011.

[5] 王冬兰.学前儿童科学教育[M].上海：华东师范大学出版社，2010.

[6] 李玮，庄彩霞.学前科学教育[M].天津：南开大学出版社，2012.

[7] 侯素雯，张世唯.学前儿童科学教育[M].北京：北京出版社，2014.

[8] 祝耸立.略论幼儿的实验探究活动：概念、意义与分类[J].教育实践与研究，2014（3）.

[9] 孙亚琴.在区域活动中促进幼儿科学经验的自主建构[J].学前教育研究，2010（6）.

[10] 肖菊红.科学组织区域活动，促进幼儿个性和谐健康发展[J].学前教育研究，2009（8）.

[11] 张丽.谈幼儿创新意识的培养[J].宁夏教育，2007（11）.

[12] 马瞬琴.幼儿科学探究活动中教师提问的设计[J].学前教育研究，2010（1）.

[13] 王浩.教师组织新的教学活动时应注意的几个问题[J].幼儿教育，2009（9）.

[14] 赵青.幼儿科学实验设计的原则及开发途径[J].金华职业技术学院学报，2015（6）.

[15] 何凤莉.幼儿科学探究能力培养策略研究[D].苏州：苏州大学，2009.

[16] 教育部基础教育司.幼儿园教育指导纲要（试行）解读[M].南京：江苏教育出

版社，2001.

[17] 彭琦凡.3—6岁幼儿科学探究的年龄特点及其引导[J].学前教育研究，2010，192（12）.

[18] 胡英慧.学前儿童STEAM教育课程设计及案例研究[D].长春：东北师范大学，2018.

[19] 金慧，胡盈滢.以STEM教育创新引领教育未来——美国《STEM 2026：STEM教育创新愿景》报告的解读与启示[J].远程教育杂志，2017（1）.

[20] 秦瑾若，傅钢善.STEM教育：基于真实问题情景的跨学科式教育[J].中国电化教育，2017（4）.

[21] 胡恒波.美国学前儿童STEM教育的理念声明与实施建议——源自马萨诸塞州的经验[J].教育科学，2017（8）.

[22] 杨元魁，叶兆宁.开展幼儿园STEM教育的重要性和必要性[J].中国科技教育，2017（6）.

[23] 郝和平.幼儿园开展STEM教育的途径和方法[J].早期教育（教师版），2016（6）.

[24] 杨伟鹏，张丹丹.推动STEM教育：人工智能时代下的幼儿园课程建设[J].幼儿教育（教育科学版），2018（4）.

[25] 王素月，罗生全，黎聚才.学前STEAM教育在中国：现状、问题及建议[J].教育与教学研究，2019（8）.

[26] 胡慧睿，王阳，陈小玲.基于设计思维的幼儿园STEAM活动设计与实施[J].陕西学前师范学院学报，2019（8）.